CULTIVO DE HONGOS

Guía completa para principiantes para aprender los pasos y métodos eficientes para cultivar hongos de manera orgánica

STEPHANIE WILLIAMS

Tabla de Contenido

Introducción

El hombre ha estado comiendo hongos durante milenios. Los primeros registros físicos de consumo se remontan a esqueletos encontrados en cuevas prehistóricas españolas y crecimientos encontrados en antiguos templos mayas. Su cultivo deliberado es un asunto mucho más moderno. Los chinos han incursionado en la producción durante algunos siglos, pero aquí en Occidente son recién llegados a nuestras dietas. Durante muchos años incluso estuvieron asociados con la mala salud y el veneno.

Una vez que descubrimos que no solo eran deliciosos para comer, sino que en realidad eran buenos para nuestra salud, el cultivo comenzó a generalizarse, pero aún parecía ser una especie de arte secreto que solo estaba disponible para micólogos entrenados y otros tipos de magos.

Este libro busca romper ese mito. Le enseñará que la producción de hongos no solo es bastante simple, sino que es una forma de cultivo que está dentro de las capacidades de cualquiera que tenga la pasión por probarla. La maravilla de esta forma de cultivo es que no necesitas mucho espacio. Si su ambición siempre fue convertirse en agricultor o pequeño propietario, pero la falta de espacio lo frustra constantemente, este libro podría reavivar sus sueños. Otra gran ventaja es que todo el proceso es fácilmente escalable. Puede sumergir el dedo del pie en el agua cultivando una cosecha suficiente para alimentar a su familia y quizás a algunos amigos, y puede aprovechar el conocimiento adquirido para hacer crecer un negocio.

Para empezar, no necesitará espacio. Podría estar viviendo en un apartamento del quinto piso y aún cultivar suficientes hongos para agregarlos a su dieta con regularidad. Si sus ambiciones son mayores que eso, podría producir un gran negocio secundario con un espacio menor al tamaño de un pequeño garaje. Incluso los productores de hongos a gran escala requieren muy poco espacio en comparación con la mayoría de las otras formas de agricultura tradicional.

En general, la mayoría de las pequeñas empresas tienen un costo de entrada bastante alto, pero ese no es el caso en absoluto cuando se trata de hongos. Por solo unos pocos dólares, podría cultivar hongos usted mismo y luego, si invierte un poco más, podría comenzar a producir lo suficiente para tener un excedente vendible. En cada nivel al que elija ascender, puede utilizar las ganancias de las ventas para financiar el siguiente paso en la escalera.

Una de las mayores amenazas para las pequeñas empresas a menudo puede ser una gran empresa. A menudo descubre que simplemente no es viable competir con los grandes, o si lo hace, los costos de entrada son prohibitivamente altos. Con las setas, el mercado es enorme, pero las principales setas que se producen son las setas de botón blanco o variedades de las mismas. Eso deja a todos los demás hongos como un mercado de especialidad, que está listo para ser recogido por pequeños productores dispuestos. Para terminar, hay una gran demanda de hongos a medida con sus diferentes sabores, colores y beneficios, y eso hace que todo el negocio de los pequeños productores parezca de repente muy atractivo.

Capítulo 1

¿Qué son los hongos?

Un hongo o seta venenosa es el cuerpo carnoso portador de esporas, el cuerpo fructífero de un hongo. Hay más de 10 000 tipos diferentes de hongos y se cree que aún quedan muchas especies por descubrir e identificar adecuadamente.

Se pueden dividir en cuatro tipos generales.

Saprotrófico

Estos hongos se llaman descomponedores. Liberan ácido y enzimas para descomponer el tejido vegetal muerto para que puedan absorberlo para su propio crecimiento. Los hongos shiitake y ostra entran en esta categoría.

Mycprrhizal

Estos hongos sobreviven estableciendo una relación simbiótica con otras plantas, generalmente árboles. Tejen sus raíces en las raíces de los árboles o se envuelven alrededor de ellos, y de esta manera, pueden acceder al azúcar de la planta huésped. A cambio, complementa la humedad, los nutrientes y el fósforo. Bueno, los ejemplos serían porcinis, rebozuelos y trufas.

Parásito

Los hongos parásitos también viven en un anfitrión, pero en esta clase, no forman una relación simbiótica. En cambio, viven de la planta huésped y, finalmente, sucumbirá y morirá. Los jardineros estarán familiarizados con el hongo de la miel, que utiliza sus raíces en forma de cordones de botas para moverse debajo del suelo y adherirse a las raíces de otras plantas. El hongo de la oruga va un paso más allá. En lugar de adherirse a una planta huésped, sus esporas aterrizan en cierto tipo de oruga, que luego se momifica antes de usar el cuerpo como fuente de alimento inicial.

Endófitos

Los endófitos aún no se conocen muy bien. Se asocian con plantas hospedantes invadiendo el tejido y creciendo desde allí. Tanto el hongo como el hospedador parecen beneficiarse de esta relación de formas que la ciencia aún no conoce con claridad. Muchos de los hongos de soporte entran en esta categoría.

La gente parece dividirse en dos grupos distintos cuando se trata de hongos; los que los aman (micófilos) y los que los odian o les tienen miedo (micofóbicos). Si eres un amante de los hongos, lo más probable es que te deleites con su sabor y textura, o simplemente estés fascinado por sus formas complejas y su comportamiento de crecimiento. Las personas que las odian a menudo se sienten desanimadas por el hecho de que hay tantas historias de personas que mueren o se enferman gravemente por comer hongos venenosos. Sin duda, esto es un riesgo si usted es un cazador de hongos que disfruta recolectando su cosecha de la naturaleza.

Si bien la caza de hongos silvestres es un placer innegable para el micófilo, se necesita mucha experiencia para convertirse en un experto en este campo, y se recomienda no recolectar hongos silvestres a menos que esté acompañado por alguien que esté realmente familiarizado con qué especies son comestibles y cuáles no. Incluso los expertos tienden a especializarse en unos pocos hongos bien conocidos en su propia área geográfica en lugar de experimentar con tipos menos conocidos. Parte de la razón de esto es que muchos hongos se parecen mucho entre sí. Este libro no se ocupará de los hongos silvestres, sino que se centrará en las muchas variedades que son comestibles y fáciles de cultivar. De esa manera, incluso la persona más fóbica a los hongos puede comer este producto con seguridad sin correr el riesgo de haber identificado erróneamente lo que está a punto de meterse en la boca.

De los muchos tipos diferentes de hongos, aproximadamente el cincuenta por ciento no son comestibles porque son simplemente demasiado duros y leñosos. Otro veinticinco por ciento son comestibles pero carecen de cualquier sabor o características gastronómicas que los convertirían en un complemento atractivo para una comida. Es probable que el veinte por ciento te enferme, y alrededor del uno por ciento es tan tóxico que pueden resultar fatales.

Si ha estado haciendo los cálculos, se dará cuenta de que todavía hay un cuatro por ciento de las especies de hongos flotando por ahí que aún no se han contabilizado. Esos son los que veremos durante el transcurso de este libro. El pequeño porcentaje que es tan delicioso que se te hace la boca agua con solo mirarlos.

Debido a que los hongos se encuentran comúnmente en la sección de verduras del supermercado local, existe la creencia generalizada de que son plantas. De hecho, son hongos que ocupan un reino propio. Las plantas utilizan la energía del sol para crear alimentos, y los animales comen alimentos y luego los digieren. Los hongos funcionan en un sistema diferente. Crecen dentro y alrededor de su fuente de alimento y luego secretan enzimas que digieren la comida externamente y luego se absorben para obtener sus nutrientes.

Bajo tierra, extienden sus finos hilos subterráneos, llamados micelio, en una búsqueda constante de nuevas fuentes de alimento, y esto podría considerarse sus raíces. Los hongos en sí mismos son los cuerpos fructíferos de los hongos, que continuarán produciendo esporas diminutas que realizan una tarea similar a las semillas de una planta. Son transportados por el viento o los animales, y cuando encuentran un lugar adecuado para crecer, lanzan pequeños hilos. Estos diminutos hilos se juntan con los hilos de otros hongos y se produce el proceso de reproducción, continuando así el ciclo. Cada hongo es capaz de producir millones de esporas.

Para el cultivador de hongos, el fruto del hongo es la principal forma de ingresos, pero para producir fruto, primero debe tener un conocimiento profundo del crecimiento de esporas y micelio para producir ese cultivo. Una vez que pueda cultivar esas dos cosas, puede cultivar hongos, pero hay otra ventaja. Si puedes cultivar esporas y micelio, también tienes un producto vendible y eso agrega una segunda cuerda a tu arco.

Capítulo 2

Hongos a lo Largo de la Historia

Existe una especie de disputa sobre hasta qué punto se remonta exactamente la relación del hombre con las setas. Un esqueleto en una cueva en España que lleva esporas de hongos boletus tanto en lo que habría sido el área del estómago como en los dientes, se remonta a 19000 años. Otros afirman que la evidencia más antigua proviene de las ruinas de templos en Chile que datan de apenas 13000 años. De cualquier manera, parece claro que llevamos mucho tiempo disfrutando de este manjar.

Hace 4600 años, los faraones egipcios declararon que eran los únicos miembros de su población a los que se les debería permitir consumir hongos porque creían que eran una fuente de inmortalidad. Si alguna vez ha comido un Shiitake realmente fresco, frito suavemente en crema fresca, comprenderá por qué estos hombres decidieron que no iban a compartir un manjar tan delicioso.

La primera evidencia escrita de hongos en la dieta humana se remonta a varios cientos de años antes de Cristo en China. Los griegos alimentaban con hongos a sus guerreros antes de enviarlos a la batalla, ya que se creía que esto aumentaría su fuerza. Los césares creían que los hongos eran el alimento de los dioses. Dicho esto, se aseguraron de que sus catadores de comida tomaran un pequeño mordisco primero solo para asegurarse de que no estaban dispuestos a disfrutar de algo que resultó ser tóxico.

El famoso filósofo francés Voltaire afirmó que "un plato de setas cambió el destino de Europa". El emperador del Sacro Imperio Romano Germánico, el rey Carlos VI, murió, supuestamente después de comerse un hongo venenoso, lo que posteriormente provocó el inicio de la Guerra de Sucesión de Austria.

Durante siglos, el mundo de los hongos se pudo dividir aproximadamente en dos. En Oriente, la gente comía hongos y los usaba con fines medicinales, mientras que en Occidente, la gente seguía siendo mucho más microfóbica. Es difícil saber exactamente por qué estas dos actitudes diferentes existieron una al lado de la otra, pero una razón podría ser que muchos de los hongos tóxicos europeos tienen una similitud sorprendente con sus contrapartes comestibles.

Fueron los franceses los primeros en comer setas en Europa, y el manjar pronto se vuelve buscado en sus mejores restaurantes. A partir de ahí, el consumo pronto se extendió al Reino Unido y poco después a Estados Unidos. En 1899, comer hongos realmente había ganado popularidad tanto en Europa como en América. De repente, se dedicaron libros de cocina enteros a un tema que, sólo décadas antes, había sido casi totalmente ignorado. Por arte de magia, la comida, que antes se consideraba apta solo para los campesinos y los campesinos, estaba siendo tratada como un manjar delicioso. Uno de los primeros libros de Kate Sargeant ofrece recetas con nombres deliciosos como el estofado de Lepiota procera y el Tricholom personatum al horno. Aunque los títulos suenan como algo que podría haber sido inventado por una de las brujas en una ópera de Macbeth, eso no impidió que el libro encontrara una amplia aprobación pública.

A pesar de que el consumo de hongos se remonta a tiempos muy lejanos de nuestra historia, todavía estamos aprendiendo más y más sobre ellos y, en particular, cuáles ofrecen beneficios para el ser humano. Muchos están siendo evaluados por sus propiedades farmacéuticas, pero incluso en el aspecto culinario, seguimos tropezando con agradables sorpresas. El hongo lechoso que se encuentra en la India se consideró no comestible hasta 1972, cuando alguien decidió de repente probar uno. Resultó ser perfectamente comestible y en 1998 se produjeron las primeras setas Milky cultivadas.

Es en el mundo culinario donde podemos observar mejor cuán profundamente el hongo se ha introducido en nuestras vidas. Desde la hamburguesería más elemental, hasta los restaurantes de cinco estrellas Michelin a lo largo de los Campos Elíseos en París, es probable que encuentre algún tipo de hongo en el menú. Ya sea simplemente una salsa de champiñones untada sobre una hamburguesa con queso o una salsa cremosa de colmenillas en un cote de boeuf, los champiñones seguramente estarán en el menú. Con el creciente alejamiento de la carne, el hongo también está comenzando a desempeñar un nuevo papel en nuestras dietas. A menudo forman los sustitutos de la carne en hamburguesas veganas o vegetarianas. A medida que este movimiento se expanda y los chefs se acostumbren más a trabajar con este reemplazo, es probable que veamos una demanda creciente y una gama más amplia de métodos de cocción. En resumen, el futuro parece prometedor para el productor de hongos a pequeña escala.

Capítulo 3

Cultivo Temprano de Hongos

Los primeros hongos cultivados deliberadamente por el hombre probablemente se cultivaron en China. Entre el 300 y el 200 a.C., crecían Auricularia polytricho u hongo del oído. Hace 800 años, los chinos reconocieron que los hongos shiitake crecían en troncos viejos. Como aprendimos anteriormente, estos hongos son saprotróficos y crecen con relativa facilidad en madera seca. Los agricultores recolectaban troncos con los hongos que ya estaban creciendo y los almacenaban con otros troncos. A medida que las esporas se esparcen, caen en las condiciones ideales de crecimiento y comienzan a crecer en los troncos que se les ponen. Aunque la técnica era algo de baja tecnología, funcionó lo suficientemente bien como para haber continuado durante siglos. También sirve como ejemplo para los futuros cultivadores de hongos de que el cultivo de estos hongos no necesita realizarse en laboratorios complicados.

En Europa, el cultivo de hongos comenzó en 1650 cuando un productor de melón francés descubrió que Agraricus bisporus u hongos botón crecían en el abono sobrante de su cosecha de melón. Durante los siguientes 160 años, los franceses cultivaron estos populares hongos en campo abierto. Más tarde se descubrió que crecían aún más fácilmente en cuevas, túneles y canteras. El área alrededor de París estaba repleta de posibilidades, ya que se extraía piedra en varios sitios para desarrollar la ciudad en rápida expansión. Como medio de cultivo, la paja vieja y el estiércol de caballo eran abundantes, y los primeros agricultores se encontraron con un cultivo codiciado que tenía bajos costos de insumos.

De todos los hongos, el más común es la trufa, que sigue siendo el cultivo más caro del mundo, incluso hoy. Tanto la trufa del Périgord (Tuber melanosporum) como la trufa blanca (Tuber magnatum) se venden por más de $ 1000 el kilogramo, y cuando se realizan las ventas, los chefs de primer nivel vienen de todo el mundo para asegurarse estas delicias para realzar los platos en sus caros restaurantes.

Las trufas son micorrizas, lo que significa que crecen en una relación simbiótica con los árboles, generalmente robles o hayas. Cazarlos siempre ha sido casi una forma de arte. Por lo general, requiere la ayuda de un perro bien entrenado o un cerdo con una nariz lo suficientemente sensible como para olfatearlos bajo tierra. En los últimos años, los perros parecen haber reemplazado a los cerdos en gran parte de Europa porque los perros están menos inclinados a comer las trufas cuando las localizan. Puede ser difícil controlar a un cerdo de 200 libras y decepcionarse al ver cómo se traga trufas por valor de unos cientos de dólares si no puede sacarlo a tiempo.

En 1972, los agricultores franceses comenzaron a vacunar las raíces de los robles con esporas de trufa. Pasaron diez años más antes de que se produjeran cosechas, pero ahora miles de acres de campo se han entregado a robles jóvenes con la esperanza de obtener grandes ganancias en el futuro. Se pensaba que esta técnica no funcionaría fuera de Europa, pero en Nueva Zelanda, en 1987, se cultivaron trufas por primera vez y ahora se pueden cosechar en tan solo cinco años.

Hoy en día, el cultivo de hongos está establecido y los hongos se cultivan con éxito en más de sesenta países diferentes. En todo el mundo producimos diez millones de toneladas por año, lo que equivale a unas ventas por valor de aproximadamente 40.000 millones de dólares. Con mucho, el hongo más producido es el hongo blanco que se cultivó por primera vez en París. Estos representan el cuarenta por ciento de la producción mundial. Luego viene el hongo ostra, que representa otro veinticinco por ciento, y luego el shiitake constituye otro diez por ciento. El resto del mercado lo componen diferentes setas más exóticas, que es un área que ofrece un gran margen para el pequeño productor independiente. En total, Asia produce el setenta y seis por ciento de los hongos del mundo.

Capítulo 4

La Revolución del Crecimiento Doméstico

pxhere

El cultivo de hongos a microescala no es realmente nuevo, aunque, en los últimos años, ha habido descubrimientos que han facilitado mucho el proceso. En París, entre 1800 y 1900, cuando el movimiento hacia el cultivo de hongos en las canteras estaba en su apogeo, muchos pequeños productores comenzaron sus propios pequeños negocios. Rápidamente vieron cómo algunos de los primeros pioneros estaban haciendo pequeñas fortunas con nada más que algunas esporas de hongos, un poco de estiércol de caballo y un poco de paja vieja. Esto alentó a una ola de cultivadores caseros que descubrieron que podían complementar sus ingresos o simplemente ampliar la dieta familiar. Pronto hubo pequeños cultivadores de hongos que vendían sus productos en todos los mercados callejeros de la ciudad.

El humilde hongo no hizo mucho en la microescala después de eso. La mayor parte del cultivo de hongos estaba dominado por enormes operaciones industriales, y todo el proceso llegó a ser visto como una forma altamente científica de hechicería agrícola. De repente, entre 1960 y 1970, los fanáticos de los hongos psicoactivos se metieron en el juego. Personas como el profesor Timothy Leary promovieron el concepto de que los hongos alucinógenos eran un camino esclarecedor hacia la psiquiatría terapéutica. Trabajó tanto con LSD como con los llamados hongos mágicos e hizo pruebas en prisioneros, donde afirmó que sus experimentos estaban reduciendo la reincidencia. Mientras tanto, los hippies y otras personas interesadas en un subidón recreativo comenzaron a mirar el humilde hongo con renovado interés.

Leary fue una figura muy controvertida. Algunos lo declararon como un "héroe de la conciencia", mientras que otros eran mucho más escépticos y creían que sus principales consideraciones eran el auto-reconocimiento y el placer. Gran parte de su investigación fue destruida por otros académicos y fue despedido del Centro de Investigación de Harvard.

Acepte o no las ideas de Leary, no se puede negar que, de forma intencionada o no, hizo mucho para impulsar la producción de hongos a pequeña escala. En el apogeo de la era hippy, presentó a los pequeños cultivadores los hongos Psilocybe Mexicana, y pronto, se produjeron ampliamente como un medio legal para drogarse. Hoy en día, la posesión de cuerpos fructíferos de estos hongos es ilegal en todos los estados de Estados Unidos con la excepción de Florida.

Lo que hicieron los experimentos de Leary fue abrir la puerta al cultivador de hongos a pequeña escala. Hasta entonces, se creía que el cultivo de hongos era puramente dominio de productores a gran escala con acceso a laboratorios y equipos de alta tecnología. De repente, el mundo se estaba dando cuenta de que las cosas no eran tan complicadas como se les había hecho creer.

El movimiento de pequeños productores ya estaba establecido, pero no fue hasta finales de la década de 1980 que comenzamos a ver una verdadera explosión en el mercado de pequeños productores. Se publicaron guías detalladas, y esto abrió los ojos de muchos cultivadores caseros, no solo a la facilidad con la que se pueden cultivar los hongos, sino también a la amplia variedad de hongos que existen. Esa pequeña explosión se convirtió en una mega explosión con la llegada de Internet. Como en tantos otros campos, Internet de repente proporcionó a las personas un fácil acceso a la información, y ahora existen numerosos blogs y canales de YouTube donde las personas pueden aprender y compartir información.

Capítulo 5

¿Por qué Hongos?

No hay escasez de cultivos para el jardinero aventurero y sería un granjero casero para probar. La pregunta obvia es, por qué invertir tiempo y dinero en el humilde hongo en lugar de verduras o flores, por ejemplo. Bueno, la respuesta es que hay muchas razones.

Una de las cosas más importantes a tener en cuenta es que el cultivo de hongos requiere muy poco espacio. Si tiene acceso a una habitación de diez metros cuadrados, puede comenzar a aumentar sus ingresos con la producción de hongos. Puede que no te hagas rico con un área tan confinada, pero definitivamente podrías ganar algo de dinero, y es una manera fácil de sumergir tu dedo del pie en el agua. Si simplemente desea reducir su factura de comestibles y aumentar su dieta, puede salirse con la suya con incluso menos espacio y pronto podría estar produciendo hongos en un armario, sótano o simplemente en el alféizar de una ventana.

Para cualquiera que desee convertirse en agricultor o incluso en pequeño agricultor, el acceso a la tierra es casi siempre el mayor obstáculo a superar. Es demasiado caro debido a la alta demanda o, cuando es asequible, la distancia del mercado es tan grande que la agricultura a pequeña escala deja de ser viable. La agricultura urbana realmente ha despegado en los últimos años y existe un creciente reconocimiento de que trae consigo muchas ventajas. El problema es que, aunque el concepto está bien, siempre estarás compitiendo con grandes granjas industriales y eso significa que lucharás para ganarte la vida. Incluso el agricultor urbano necesita tener suficiente espacio para producir suficientes cultivos para ser financieramente viable, razón por la cual muchos de ellos se administran como cooperativas en lugar de tierras privadas y autosuficientes.

Con sus bajos costos de insumos y sus bajos requisitos de espacio, el cultivo de hongos parece ser la solución perfecta para quienes desean ganarse la vida con lo que pueden cultivar ellos mismos. Incluso se puede aprovechar el espacio vertical, y esto se ha convertido en un área de la industria que está atrayendo mucha atención.

El ciclo de crecimiento rápido de la mayoría de los hongos comestibles es otra razón por la que son una buena opción para el agricultor urbano. En lugar de tener que esperar meses para que su cosecha alcance un tamaño comercial, puede entregar hongos a sus primeros clientes en unas semanas. Ese es un motivador poderoso.

Cultivar en interior trae consigo otra ventaja. Usted se encuentra en un ambiente controlado y no está sujeto a los mismos caprichos climáticos que los agricultores al aire libre. No tendrá que seguir mirando el cielo para ver qué hace el clima o preocuparse constantemente por un montón de plagas hambrientas que repentinamente se instalan en sus cultivos. Lo mejor de todo es que ese entorno controlado significa que puede producir hongos durante todo el año, lo cual es muy raro en otras formas de cultivo.

Las setas son un cultivo de crecimiento rápido con un rendimiento de alto valor. Una granja de hongos de diez yardas cuadradas debería producir veinte libras de hongos cada quince días, y a los precios minoristas actuales, eso debería generar alrededor de ciento cincuenta dólares e incluso más para las especies más raras; todo eso durante unas diez horas a la semana de trabajo.

Ni siquiera necesitas sumergirte directamente en lo más profundo. Puede comprar algunos kits de hongos e intentar cultivar algunos en su casa o apartamento. Si tiene éxito y cree que le gustaría expandir su operación, puede hacerlo de una manera escalonada que se adapte tanto a su presupuesto como a sus niveles de confianza.

La agricultura urbana significa que estás cultivando en el mismo lugar donde vive la mayoría de tus clientes. Esto ahorra costos de transporte y realmente reduce el tamaño de la huella de carbono que producirá. De hecho, desde un punto de vista medioambiental, este modelo de negocio es difícil de superar. No utilizará muchos productos químicos altamente tóxicos como herbicidas y pesticidas. El principal subproducto será el medio de cultivo sobrante, que ya está en camino de convertirse en abono, por lo que, con un poco de experiencia en marketing, es posible que incluso se encuentre en condiciones de vender sus desechos y muchos hongos. los agricultores realmente lo hacen.

Desde una perspectiva de salud, el hongo es un verdadero ganador. Un hongo portabella común contiene más potasio que un plátano, que probablemente habrá tenido que viajar miles de millas para llegar a usted. Ese hongo es bajo en carbohidratos, bajo en sal y, sin embargo, proporciona el 20 por ciento de su riboflavina, niacina y ácido pantoténico diarios. Además, está totalmente libre de colesterol.

En lo que respecta a la vitamina D, el hongo es un campeón. Durante las últimas dos décadas, hemos visto niveles cada vez mayores de deficiencia de vitamina D en los Estados Unidos y muchos otros países desarrollados. Esto conduce a muchos problemas de salud, especialmente en los niños con quienes puede provocar raquitismo. En los adultos, otros trastornos óseos como la osteoporosis y la densidad ósea reducida son cada vez más comunes. Como la vitamina D está relacionada con la exposición al sol, se cree que muchos de los problemas de deficiencia que estamos presenciando provienen de la reducción del tiempo que pasamos al aire libre. Los niños ahora juegan al aire libre mucho menos que hace dos décadas, y se cree que esta podría ser la razón por la que vemos una disminución en esta vitamina esencial.

Los hongos pueden capturar la vitamina D del sol o de la exposición a la luz ultravioleta. Lo interesante es que pueden capturar esta vitamina tanto antes como después de la cosecha. Una porción de hongos expuestos a los rayos ultravioleta antes de la cosecha le da al consumidor el doble de la cantidad diaria recomendada por la Administración de Drogas y Alimentos de los EE. UU. De vitamina D. Si se expone a los rayos ultravioleta durante solo cinco minutos después de la cosecha, eso salta a cuatro veces la recomendación de la FDA. Por supuesto, una persona puede aumentar su ingesta de vitamina D tomando suplementos. Esto es caro pero también puede resultar en tomar demasiado. Si obtiene sus vitaminas a través de su dieta, es muy difícil que se tome una sobredosis accidentalmente.

La razón final para considerar el cultivo de hongos es que son tan populares. Eso significa que tienes un mercado amplio. Como hemos visto, existen al menos veinte variedades de hongos comestibles que se consumen con regularidad. Los grandes productores se han especializado casi exclusivamente en Agaricus bisporus o champiñones blancos. Eso significa que todas las demás variedades comestibles se consideran casi como un cultivo exótico y casi nunca las ves en el supermercado. No recomendaría que ningún pequeño cultivador siquiera considere ir por el camino de intentar cultivar champiñones blancos. Inmediatamente estarías compitiendo contra los grandes en su territorio y tratando de vender un producto que todos ya conocen. Si quieres botones blancos, ve al supermercado local y cómpralos. Si quieres hongos ostra dorados o shiitakes frescos, eso es algo completamente diferente. Ahí es donde reside tu brecha.

Es con estos otros tipos de hongos más inusuales con los que es más probable que tenga éxito. La belleza es que ahora es posible cultivar muchos más tipos de hongos que en el pasado. El hecho de que estén fuera de lo común los hace más fáciles de vender y más divertidos e interesantes de cultivar. En el próximo capítulo, veremos algunas de las diferentes variedades en las que le gustaría probar.

Capítulo 6

Tipos de Hongos Para
el Pequeño Productor

Como ya hemos visto, existen literalmente miles de tipos diferentes de hongos. Algunos son tóxicos, algunos son pequeños y otros son enormes. Son parte del reino de los hongos, y eso es enorme. Hay cientos de miles de ellos y cada día descubrimos otros nuevos. El organismo vivo más grande del mundo que cubre 2200 acres y se cree que tiene más de 2400 años es un hongo. Aunque no todos los hongos producen hongos, los que sí lo hacen nos brindan algunas cosas interesantes para estudiar. Incluso hay hongos que brillan en la oscuridad.

Toda esta información es bastante interesante, pero no te ayudará mucho a decidir qué tipos quieres cultivar. Antes de ir allí, comenzaremos con algunos de los hongos más comúnmente cultivados y luego le daremos algunas recomendaciones que con suerte lo ayudarán a comenzar. Si bien los mencionados en este capítulo no son necesariamente ideales para el pequeño productor, muchos de ellos lo son, y estos son nombres que escuchará cuando comience a comunicarse con otros productores.

Agaricus bisporus

El hongo botón blanco es el hongo más producido en el mundo y es el favorito de todos los grandes jugadores del juego. Vale la pena saber que los hongos portabello y cramini son el mismo tipo de hongo. Si dejas este hongo, se vuelve marrón y lo venden con un nombre común diferente, pero esencialmente todos son lo mismo.

Agrocybe Aegerita

Piopinno es un hongo popular y fácil de cultivar que es muy popular.

Auricularia Auricular

Un hongo gelatinoso que crece en troncos y se conoce comúnmente como espiga de madera. Esta variedad no es popular en el oeste debido a su textura gomosa y apariencia viscosa. Es muy popular en Asia y a menudo se incluye en sopas que puede haber comido en restaurantes chinos.

Calocybe Indicus

Hongo lechoso. Recientemente se descubrió que esto era comestible y ahora se cultiva ampliamente. Prefiere climas más cálidos, pero su popularidad está creciendo y espera ver más de estos tipos alrededor.

Comaties Coprimus

La melena lanuda es un hongo sabroso que es popular entre los recolectores. No es frecuente verlo fresco en los mercados porque tiene una vida útil muy corta, pero es excelente en sopas y guisos. También se vende bien cuando se seca.

Cordyceps Militaris

Cordyceps se cultiva principalmente con fines medicinales. Se puede cultivar sobre sustrato a base de cereales o arroz.

Flamulina Velutides

Enoki es un hongo comúnmente cultivado con una vida útil prolongada y una gran demanda, pero es difícil de cultivar a pequeña escala porque a menudo se cultiva con poco aire y luz, lo que hace que tenga una cabeza pequeña y tallos más gruesos.

Ganoderma lucidum

Reishi es un hongo muy bonito que se cultiva principalmente por sus beneficios medicinales.

Grifola Frondosa

El maitake es tan popular en Japón que los recolectores bailan felizmente cuando encuentran uno. Tiene poros en lugar de branquias y generalmente se cultiva en botella. Agradable para comer pero con una vida útil corta.

Hericuim Erinaceus

La melena de los leones es tranquila, una llegada reciente a los menús occidentales, pero que está demostrando ser muy popular.

Tessellates de Hypsizygus

Estos hongos muy populares con el nombre común de shimeji son blancos y marrones y a menudo se cultivan en botellas.

Lentinula Edodes

Los hongos shiitake probablemente no necesiten mucha introducción al abanico de hongos. Se han cultivado durante más de ochocientos años y originalmente se cultivaron en troncos, pero también crecen fácilmente en bloques de fructificación. Representan alrededor del veinticinco por ciento de la producción mundial de hongos comestibles.

Morchella Asculenta

Las morillas son uno de los hongos más populares del mundo porque son muy sabrosos. Crecen en casi todo el mundo y apenas han comenzado a cultivarse a escala comercial. Hasta ahora, casi todos los que se comieron fueron recolectados de la naturaleza, lo que resultó en un grave agotamiento de su número en Europa.

Pholiota adiposo

Un hongo comestible muy bonito que se venderá bien si consigues que crezcan de forma fiable.

Pholiota Nameko

Los Namekos son hongos comestibles con un gorro de aspecto viscoso que desanima a los no iniciados porque creen que se están disparando. Se pueden cultivar en madera o en botellas y son excelentes cuando se agregan a sopas.

Pleurotus Djamor

La ostra rosada es un hongo atractivo que es fácil de cultivar y popular entre los chefs, pero que tiene una vida útil pobre. Desafortunadamente, no conserva ese hermoso color cuando se cocina.

Pleurotus Eryngii

La ostra real no se parece en nada a un hongo ostra. Son muy populares y tienen una vida útil prolongada, pero existen algunos trucos para cultivarlos con sus populares tallos gruesos.

Pleurotus Nebrodenisis

El gorro de elfo blanco es un hongo ostra grande con grandes ventajas culinarias pero una vida útil corta.

Pleurotus Ctrinopileatus

La ostra amarilla llama la atención y se vende bien en los mercados de agricultores. Al igual que muchos hongos ostra, tiene una vida útil corta, pero es fácil de cultivar siempre que pueda entregárselo a su cliente rápidamente.

Stropharia Rugosoannualata

El gorro de vino es tan fácil de cultivar que puede producirlo al aire libre en el jardín si vive en un clima templado.

Tremella Fuciformes

Tremella es un hongo gelatinoso que solo alcanza la forma de fructificación cuando parasita otro tipo de hongo. Para cultivar esta variedad inusual, deberá cultivarla junto con otro tipo de hongo. Agrega textura a los alimentos y se utiliza con fines medicinales.

Volvariella Volvacea

El hongo de la paja de arroz a menudo se cultiva a partir de paja y se desarrolla bien al aire libre si el clima es cálido.

Es poco probable que encuentre todos estos hongos incluso si se involucra bastante en el cultivo de hongos. Si pasa suficiente tiempo con otros cultivadores, seguramente escuchará aparecer estos nombres, y será bueno si tiene alguna idea de lo que se está discutiendo. Si se pregunta por qué se usaron todos los nombres latinos, es porque el nombre latino es el nombre reconocido mundialmente. Los nombres comunes varían considerablemente de una región a otra y, como puede ver en nombres comunes como los hongos ostra, a menudo cubren una amplia gama de diferentes tipos de hongos.

Estos son los principales hongos comestibles, pero la paleta se vuelve mucho más amplia que esto. Los criadores producen diferentes variedades y cepas de estos de la misma manera que un criador de rosas puede producir muchos tipos diferentes de rosas. Buscan diferentes atributos como forma, tamaño, color y sabor, y luego, si están contentos con eso, los clonan para tener una gama más amplia de productos para ofrecer a sus clientes. Más adelante en este libro, veremos cómo clonar hongos y, a medida que avance, usted también podrá clonar hongos que crea que son excepcionales.

Si eres un gran recolector de hongos, habrás notado que hay muchos hongos comestibles muy populares que no aparecieron en la lista anterior. Esto se debe a que hay muchos hongos que simplemente aún no hemos encontrado formas de cultivar. La mayoría de ellos pertenecen al grupo de las micorrizas que mencionamos anteriormente en el libro. Tienen esta relación simbiótica con árboles y una o dos plantas más, y hasta la fecha, no hemos encontrado una forma de reproducir ese entorno.

Los hongos que caen en esta categoría deliciosa pero inmanejable incluyen hongos bien conocidos como rebozuelos, porcini, bolete, hongos langosta y hongos erizo. La última es la conocida morilla, pero parece que hay productores que ahora dominan esta especie en particular. Para los demás, solo tendrás que seguir con la búsqueda de alimento. Sin embargo, no hay nada que te impida experimentar con tus propios métodos de cultivo.

Capítulo 7

El Mejor Lugar Para Comenzar

En los últimos años se han producido muchos cambios y avances en el suave arte de cultivar setas. Uno de ellos ha sido el darse cuenta de que las mezclas estériles no son del todo el Santo Grial; siempre se percibió que lo eran. Ciertamente, existen buenas razones para los procedimientos estériles, pero ahora sabemos que son menos críticos de lo que se suponía. Dicho esto, todavía necesitará tener un entorno de laboratorio muy estéril para cultivar sus propios cultivos y para algunas de las otras operaciones. Sin embargo, no dejes que la palabra laboratorio te desanime. Un poco más adelante en el libro, veremos lo que necesita para hacer su propio laboratorio y el equipo que necesitará. Se sorprenderá de lo poco sofisticado que puede ser y de lo accesible que es incluso esta área de producción de hongos.

Primero, sin embargo, veamos cómo cultivar algunos hongos en algunas de las condiciones más básicas para que pueda acostumbrarse y ver cuán simple es. La forma más fácil de producir hongos y que no requiere equipo especial es comenzar con algunos kits de cultivo. Probablemente piense que es un poco demasiado elemental, y prefiere saltar al fondo y comenzar a hacer su propio sustrato y crear sus propios bloques de fructificación. Llegará allí, pero si comienza con un kit, aprenderá mucho sobre el proceso, sobre qué hongos funcionan mejor en el entorno en el que desea cultivarlos y si ese entorno es adecuado o no.

Los kits de cultivo vienen en diferentes tamaños con una amplia variedad de diferentes tipos de hongos, pero todos funcionan esencialmente de la misma manera. Probablemente recibirá una caja que contendrá una bolsa de plástico con un bloque de medio de cultivo que ya ha sido sembrado con las esporas de hongos relevantes y ahora está colonizado. Le quitas el bloque de fructificación, y si está en buen estado, podrás ver que está cubierto de moho blanco. No se alarme; Esta es una buena señal. Antes de continuar, es una buena idea lavarse las manos. En esta etapa, es poco probable que contamine el bloque porque ya ha sido colonizado y, en este punto, será bastante robusto. Sin embargo, es un buen hábito.

Ahora corta una X en una cara del bloque con un cuchillo afilado. Esto te permitirá despegar los cuatro triángulos de plástico alrededor de la X y podrás raspar un poco del molde de micelio en esa cara del bloque. Una vez que corte la X, inmediatamente olerá ese olor a hongos fácilmente identificable. Si hay un olor rancio desagradable, entonces el bloqueo se ha disparado y debe comunicarse con su proveedor. Una vez hecho esto, coloque el bloque de fructificación en una olla o balde con agua para que se sature por absorción. Esto significa enfrentarlo con el corte en X hacia abajo en el agua y dejarlo de doce a veinticuatro horas. Esa humedad provocará el crecimiento de los hongos.

Retire el bloque del agua una vez hidratado y colóquelo en una posición donde reciba luz ambiental y no esté expuesto a corrientes de aire. Lo importante aquí es que los hongos requieren un ambiente húmedo, por lo que deberá rociar regularmente el bloque con un rocío de agua. Es posible que haya recibido una pequeña con su kit, pero probablemente sea mejor comprar una botella de spray más grande. En cuatro días, debería ver que se empiezan a formar pequeñas cabezas de hongos en los lados y en la parte superior del bloque. En unos días más, normalmente alrededor de ocho en total, el hongo estará listo para cosechar. Corta los grupos individuales con un cuchillo afilado y luego ordena la parte superior del bloque para asegurarte de que no haya vapores o cuerpos fructíferos a medio formar.

Ahora puede volver a remojar el bloque y repetir todo el proceso. Con suerte y siempre que mantuviera los niveles de humedad lo suficientemente altos, debería obtener de dos a tres cosechas por bloque de fructificación. Una vez hecho esto, el bloque de fructificación usado es perfectamente adecuado para agregarlo a una pila de compost.

Ese método es terriblemente simple, pero aquí hay una forma que puede agregar para que las condiciones sean realmente óptimas y, casi definitivamente, obtenga un rendimiento mayor. Una caja de escopeta es solo una caja de plástico transparente con una tapa que hace que sea mucho más fácil mantener la humedad. Estas cajas se pueden comprar en la mayoría de ferreterías o supermercados, y generalmente se usan para guardar ropa o papeleo.

Con una broca para madera de un cuarto de pulgada, taladre una docena de agujeros en el fondo de la caja para el drenaje. Ahora taladre agujeros cada tres pulgadas a lo largo de los lados de la caja. Con toda esta perforación, deberá tener cuidado de no presionar demasiado fuerte y romper el plástico. El truco para esto es hacer que el taladro funcione bastante rápido pero no presionar demasiado. De esta manera, el taladro hace el trabajo en lugar de la presión que le aplica.

Una vez que haya perforado la caja lo suficiente como para permitir una gran cantidad de aire, límpiela con alcohol de limpieza para que quede realmente limpia por dentro. Si no tiene alcohol limpiador a mano, no se preocupe. Simplemente límpielo con jabón de lavar. Recuerda que el bloque colonizado es bastante duro. Remoje un poco de perlita en agua y coloque una capa de dos pulgadas sobre la base de la caja. El exceso de agua se drenará, pero la perlita absorbe agua, por lo que será un método excelente para asegurar que se retengan los niveles de humedad.

Todavía trata el bloque de fructificación exactamente de la misma manera cortando una X y empapándolo, pero ahora lo coloca en su caja de escopeta casera pero perfectamente adecuada. Algunas personas colocan el bloque sobre un trozo de papel de aluminio plateado para cocinar y eso crea una barrera entre el bloque y la perlita, pero eso es cuestión de elección. Aún tendrá que rociarlo regularmente y es importante que haya mucha circulación de aire.

Esto es fácil de mantener abriendo la tapa cada pocas horas, nebulizando y luego ventilando durante unos segundos con la tapa. No se moleste en cerrar la caja por completo, pero deje una esquina ligeramente abierta para que haya un ligero movimiento de aire.

Para reducir aún más la cantidad de esfuerzo al que debe ir, puede comprar un mini humidificador barato en una tienda de mascotas. Diseñadas para personas que crían reptiles exóticos, estas pequeñas máquinas son ideales para mantener la humedad y el movimiento del aire en su caja de escopeta casera. No es necesario realizar modificaciones; simplemente coloque la casa en esa esquina de la tapa que de todos modos estaba dejando abierta, y listo. El dispositivo se puede configurar con un temporizador para que funcione de diez a quince minutos cada hora.

Este método de cultivo en kit es la forma más fácil y confiable de comenzar su aventura de cultivo de hongos. Recuerde que las dos cosas más importantes son la luz ambiental y la humedad. Cualquiera que sea el método que elija, esos son dos criterios que permanecerán constantes, por lo que al probar el agua de esta manera, podrá ver si puede proporcionar esos dos factores sin tener que gastar mucho dinero o dedicar demasiado tiempo. o espacio para la prueba.

Te dará la oportunidad de ver qué hongos son los más adecuados para tu operación y al final te quedará una deliciosa recompensa. Las curvas de aprendizaje no son mucho mejores que eso.

Capítulo 8

Más Allá de los Kits
de Cultivo Doméstico

En el próximo capítulo, veremos el desove de granos, pero antes de ir allí, veamos un par de otras técnicas realmente fáciles para cultivar hongos al aire libre. Esto le permitirá ver cuán tolerantes pueden ser los hongos y, con suerte, lo recompensará con una cosecha saludable de hongos en el proceso.

El primer método es simplemente cultivar los hongos en una cama de paja en el suelo. Realmente no hay nada más fácil que esto. Primero, seleccione un lugar al aire libre que sea fresco y sombreado, al menos durante la mayor parte del día. Despeje un área de una a dos yardas cuadradas y trate de deshacerse de las malas hierbas o césped. Puede bordearlo con bloques de cemento, pero no es vital. Los bloques simplemente ofrecen un poco de protección adicional contra el viento y evitan que las plantas circundantes se cuelen en su lecho de hongos recién creado. Una vez hecho esto, pon una capa de cartón en el suelo de la cama. Las cajas de cartón viejas aplastadas funcionarán perfectamente. Simplemente actúan como una barrera de una semana, y aunque una lámina de plástico tendría el mismo efecto, no sería permeable al agua.

Luego, tome un poco de popote limpio y coloque una capa de dos pulgadas sobre el cartón. Ahora necesitará una bolsa de semillas de hongos. Muchos productores de hongos venden estas bolsas y usted puede elegir qué tipo de hongos desea. Una de las variedades de hongos ostra sería ideal para este experimento. Una bolsa de cinco libras será suficiente para esta operación.

Antes de abrir la bolsa, apriétela y dóblela un poco para romper el contenido que se habrá unido por la colonización del micelio. Una vez que el contenido esté bien y suelto, abra la bolsa y huela para ver si el contenido está en buen estado. Debe haber un buen olor a hongos saludable que no sea difícil de detectar.

Después de eso, simplemente esparce una capa suelta de grano sobre la pajita de la manera más uniforme posible. Vas a utilizar toda la semilla de grano y vas a aplicar tres capas, por lo que querrás utilizar un tercio de la bolsa en cada capa. Esta no es una ciencia de alta tecnología aquí, así que no se preocupe por pesar un tercio, simplemente juzgue la cantidad a ojo.

Además de eso, ahora coloca otras dos pulgadas de paja antes de esparcir el siguiente tercio de su bolsa de semilla de grano. Lo adivinaste; otra capa de paja y la última capa de semilla. Finalmente, cierre todo el lecho con una última capa de paja. Esa es tu cama de paja hecha.

Finalmente, empapa toda la cama con una manguera de jardín, asegurándose de mojar las esquinas de la cama. Encima de todo, colocas una capa de plástico transparente que pesas con piedras. Haga algunas ranuras en el plástico de cobertura cada cuatro o cinco pulgadas para que haya algo de movimiento de aire.

Deberá revisar la cama todos los días, ya que secarse es su peor enemigo aquí. Si siente que las cosas se están secando, simplemente riegue la cama de nuevo. Con suerte, en cuatro a seis semanas, comenzará a ver los alfileres de hongos jóvenes que comienzan a aparecer a través de la pajita. Después de eso, puede quitar la cubierta superior de plástico, pero ahora realmente tendrá que prestar atención ya que el secado detendrá todo el proceso.

Una o dos semanas después, los hongos deberían ser lo suficientemente grandes para comenzar a cosechar. Coseche tan pronto como estén listos porque hay una gran cantidad de bichos e insectos que disfrutan de un gran hongo tanto como usted.

El tiempo es bastante importante en este método de tecnología ultrabaja. Si puede colonizar su lecho en primavera, entonces tiene muchas posibilidades de obtener una segunda cosecha unas semanas después de la primera. Demasiado tarde en el verano, y es probable que las cosas se calienten demasiado para apoyar el crecimiento de hongos.

Una breve advertencia aquí; A menudo escuchará a los cultivadores de hongos hablar de una segunda cosecha o una segunda cosecha, pero este término puede resultar un poco confuso. De hecho, después de la primera cosecha, la semilla de hongos sigue expulsando hongos y aparecen de forma intermitente según el tamaño. Lo que esto significa es que después de esa primera oleada de hongos fructíferos, si tiene suerte, seguirá apareciendo hongos fructíferos, pero lo harán al azar. Todo lo que esto significa es que debe seguir regresando a su lecho y cosechando regularmente hasta que no aparezcan más. No olvide mantener la cama mojada.

Un paso un poco más avanzado desde el lecho de hongos es el tronco de hongos. La cama es de baja tecnología y los rendimientos pueden ser un poco irregulares, además, estás a merced de los insectos merodeadores. El método de registro que estamos a punto de analizar requiere un poco más de esfuerzo y equipo, pero le proporciona un entorno más controlado y, con suerte, una mayor producción de hongos mejor formados.

Necesitará un tambor de cincuenta y cinco galones y un poco de paja limpia. Para esta operación, utilizará paja picada en lugar del material no preparado utilizado en la cama. Esa pajita también deberá esterilizarse para eliminar cualquier microorganismo que crezca en ella, que podría contaminar o competir con sus hongos.

Pese veinticinco libras de paja y córtela en trozos de aproximadamente dos pulgadas. Podría hacer esto con un par de tijeras o tijeras, pero podría morir de vejez en el proceso. Un método mucho más rápido es introducirlo en su tambor de cincuenta y cinco galones y hacer que se agite con un desmalezador durante unos segundos. Voila. Ahora tiene paja picada y apenas ha envejecido.

Ahora viene la parte un poco más complicada. Esa pajita debe esterilizarse. Un método consiste en llenar el tambor con agua y calentarlo con un quemador de gas. Para facilitar las cosas, hazte una jaula de alambre del tamaño de un tambor. Llénelo con la pajita y luego colóquelo nuevamente en el tambor. De esa manera, cuando la pajita esté esterilizada, puede sacar la jaula con la pajita adentro. Si coloca el tambor sobre bloques de cemento, podrá colocar el quemador debajo. Llena el tambor con agua y caliéntala entre sesenta y cinco y ochenta y cinco grados Celsius. No querrás dejar que el agua hierva, pero debes mantenerla a esta temperatura durante al menos noventa minutos. Tomará un poco de tiempo que la temperatura del agua hierva a fuego lento en el rango de temperatura correcto, y es posible que deba manipular el quemador hasta que alcance el calor adecuado.

Después de noventa minutos, apague el fuego y extienda su mano hecha una canasta de pajita mientras se asegura de no verter agua hirviendo sobre usted. No es tan difícil como parece. Tu pajita ahora puede drenar. Puede hacer esto simplemente dejándolo en la canasta, pero un método más rápido es colocarlo sobre una malla de drenaje. Estos se pueden hacer fácilmente usando una malla de mosquitos sobre un marco de tabla. La pajita tardará unos veinte minutos en escurrirse y enfriarse. Estará húmedo pero no mojado cuando esté completo. Cuanto más rápido pueda enfriarlo y drenarlo, menos posibilidades habrá de contaminarlo.

Una vez que su pajita esté fría y húmeda pero no seca, la mezclará con el desove de grano, y nuevamente, le sugiero que elija una variedad de hongos ostra ya que se prestan tan bien a este procedimiento. Rompa el grano en su bolsa y tenga un balde limpio para mezclar. Mezcle gradualmente cantidades de grano y paja en el balde hasta que haya semilla de grano distribuida uniformemente por toda la mezcla. Está buscando una proporción no menor al diez por ciento. Comenzó con veinticinco libras de paja, lo que significa que necesitará al menos una bolsa de dos libras y media de semilla de grano. Puede hacer toda esta mezcla con las manos, pero deben estar limpias o debe usar guantes quirúrgicos. Al igual que con el bloque de fructificación utilizado en el kit que mencionamos anteriormente, las bolsas de granos colonizados son bastante tolerantes en lo que respecta a la contaminación, pero sería una pena contaminar su pajita recientemente esterilizada.

Los troncos de paja se fabrican en tubos de plástico transparente de un diámetro no mayor a catorce pulgadas. Haz un nudo en un extremo y ahora empieza a meter la mezcla. Desea sacar la mayor cantidad de aire posible, por lo que la forma más fácil es empacar en capas y luego empujarlas firmemente hacia abajo antes de agregar la siguiente capa. Cuando su tubo esté completamente empaquetado, exprima el aire restante y selle la parte superior del tronco con una brida para cables o un trozo de cordón.

Haga algunos agujeros en la base para que el agua restante pueda drenar y luego corte cruces cada dos o tres pulgadas sobre el resto de la bolsa para permitir el movimiento del aire. Los brazos cruzados deben tener aproximadamente tres cuartos de pulgada de largo.

Etiquete y feche el tronco y luego guárdelo en el interior en un lugar fresco hasta que el tronco sea colonizado por la semilla. La colonización de la bolsa debería tardar una semana o más en la medida en que pueda colocarse al aire libre. Podrá ver cómo avanza el proceso de colonización como un tronco colonizado con bastante crecimiento de micelio blanco.

En el exterior, el tronco se puede colgar en un árbol fresco, a la sombra o en un invernadero. Como siempre, los principales requisitos son la circulación del aire y la sombra. Si el tronco comienza a verse demasiado seco, bombee un poco de agua en los cortes transversales con una botella rociadora, pero con estos troncos, a menudo no es necesario. En una semana a diez días, su cultivo debería comenzar a crecer a través de los orificios del tubo de plástico.

Todavía hay una manera más fácil de esterilizar su pajita y es usando cal hidratada. Puede comprar este producto en forma de polvo en viveros y tiendas de jardinería o en línea, y es económico. Quieres una lima que sea baja en magnesio, ya que esto podría matar la semilla.

Usando su desmalezadora en su tambor, corte la pajita limpia exactamente de la misma manera que lo hizo en el método de agua caliente. A continuación, llene el tambor que contiene la pajita con agua y mezcle trescientos gramos de lima. Asegúrate de que la lima se mezcle bien con la pajita y el agua. Toda la pajilla flotará hasta la parte superior del tambor, así que coloque un peso, como un bloque de cemento, encima para mantenerlo todo debajo de la superficie.

La lima eleva el ph. del agua hasta tal punto que mata cualquier bacteria que pueda haber estado viviendo en la paja. Este proceso dura entre doce y veinticuatro horas. Después de eso, escurrirá la pajita en la rejilla exactamente de la misma manera que lo hizo con el método de agua caliente.

Cultivar hongos en un cubo es otro método que es a la vez sencillo y eficiente y, en mi opinión, uno de los mejores lugares para comenzar su aventura con el cultivo de hongos.

Primero, necesitará un balde de plástico de cinco galones con tapa. Taladre varios agujeros de un cuarto de pulgada en la parte inferior y luego una serie de agujeros en los lados a distancias de aproximadamente dos a tres pulgadas. A continuación, necesitará suficientes astillas de madera limpias para llenar el cubo. Aspen funciona bien, pero otros chips también están bien, así que mira qué puedes conseguir. Coloque las astillas de madera en un recipiente de plástico, como una caja de mano, y cúbralas con agua caliente del grifo. Luego, agrega otra olla llena de agua hirviendo hasta un poco por encima de la superficie del chip, lo que hará que los chips estén lo suficientemente calientes como para pasteurizar.

Después de doce horas, la mayor parte del agua se habrá absorbido y podrá eliminar el exceso. Su sustrato debe estar húmedo pero no mojado. Coloque una capa de dos pulgadas en el fondo del balde y luego espolvoree una capa de semilla de grano. Necesitará cinco libras de semilla de semilla para un balde de cinco galones. Siga repitiendo el proceso hasta que haya llenado el balde. Después de cada capa de chips, empuje el contenido de la ciudad para que haya un buen contacto sólido entre el spawn y los chips (sustrato). La última capa debe estar astillada y, después de empujarla hacia abajo, puede poner la tapa y colocar el cubo en un garaje o en una habitación fresca. ¿Qué tan fácil fue eso?

Una o dos semanas después, empezarán a aparecer pequeños alfileres (hongos bebés) a través de algunos de los agujeros en el costado del balde. Ahora es el momento de colocar el balde al aire libre, como siempre, en un lugar fresco y sombreado donde esté protegido del viento. Su trabajo principal ahora es mantener la humedad, y eso es simplemente una cuestión de rociar los pines que sobresalen con agua de una botella rociadora. El crecimiento será rápido ahora, pero no habrá hongos en cada uno de los agujeros. Cuando los champiñones tengan el tamaño que desea, puede cosecharlos simplemente cortándolos con un cuchillo. Si dejas el balde, probablemente obtendrás una segunda cosecha más pequeña, pero si quieres comenzar otro lote en tu balde, simplemente inclina el contenido en tu cama de paja y déjalo crecer allí. Limpia el balde y estarás listo para el siguiente lote.

Ahora que hemos analizado algunos métodos más de baja tecnología para cultivar hongos usando semilla de grano, probablemente sea un buen momento para que empiece a aprender cómo hacer que el grano se reproduzca usted mismo, ya que esto puede generar mayores ahorros y un mayor control del proceso general . Eso es lo que haremos en el próximo capítulo.

Capítulo 9

Haz tu Propia Semilla de Grano

Ahora que tiene algunas técnicas simples en su haber, comenzaremos a desglosar los procesos individuales por los que llegó allí. Esto lo dejará en una posición de poder decidir exactamente cuánto del método de cultivo desea hacer en la casa y cuánto importa. No hay ninguna razón por la que no pueda continuar comprando semillas de semilla inoculadas listas y simplemente realizar el proceso de fructificación utilizando uno de los métodos anteriores. Le costaría más dinero, pero tendrá que averiguar si es más rentable o no. Otra razón para pensar en hacer su propio desove de granos es que comprenderá el proceso. No hay nada peor que construir su negocio en torno a un tema, algunas partes del cual están envueltas en un misterio. Este capítulo expondrá el proceso, y es probable que cuando vea lo simple que es, quiera incluirlo en sus propios procesos de producción.

Cuando los hongos se reproducen, liberan millones de pequeños huevos que flotan en el aire y finalmente aterrizan en diferentes superficies en la naturaleza. Algunos de ellos resultarán viables, y el engendro continuará produciendo la próxima generación de cuerpos fructíferos, y algunos resultarán inhóspitos, y el engendro se habrá desperdiciado. Al producir semilla de grano, el cultivador de hongos, o micólogo, está tratando de reproducir una situación que sería absolutamente ideal para que la semilla crezca y extienda su micelio.

Durante generaciones, los productores de hongos han estado haciendo esto con el grano previamente remojado. El grano es rico en nutrientes y, cuando se cuece a fuego lento y se remoja, es un excelente absorbedor de agua. El problema es que el grano viene con todo tipo de impurezas, así como con otro micelio natural, y ambos pueden contaminar el ambiente perfecto que desea crear para el cultivo de hongos. Para superar esto, sometemos el grano a un proceso de esterilización que es mucho más simple de lo que parece. Durante mucho tiempo, los pequeños productores se sintieron desanimados por lo que consideraban la magia de la esterilización. Vamos a desenmascarar a ese asistente y mostrarte lo simples que pueden ser realmente las cosas.

El tipo de grano que usa no es demasiado serio. Los más favorecidos por los cultivadores de hongos son el centeno, el sorgo, el mijo o una mezcla. Si visita un comerciante de semillas local, un productor de alimentos para animales o una ferretería, probablemente encontrará que tienen una selección. Mientras esté allí, es posible que desee recoger una docena o algunos frascos de vidrio de un cuarto de galón y sus tapas.

Va a lavar su grano limpio y luego colocarlo en los frascos y meterlo en un esterilizador grande o una olla a presión, por lo que si aún no tiene uno, deberá comprar o pedir prestado uno de esos.

Deberá lavar dos tercios de la cantidad de grano que pueda caber en frascos y luego en el esterilizador. Decimos dos tercios porque una vez empapado, el grano se hinchará, y como no quieres desperdiciarlo, no prepararás exactamente la cantidad que cabrá en los frascos cuando estén secos.

Ahora que tiene la cantidad correcta de grano medido, viértalo en un balde de plástico y lávelo tres o cuatro veces con agua del grifo. Habrá todo tipo de material e impurezas allí que puede tirar con cada enjuague. Después de enjuagar bien, cubrir bien el grano con agua y dejarlo en remojo durante veinticuatro horas. Se expandirá durante este tiempo, así que asegúrese de haberlo permitido poniendo abundante agua. Ahora simplemente va a verter el agua y ponerla en una olla sobre un quemador de gas. Ponga una taza de café negro y una cucharada de yeso. El café aporta algunos nutrientes y el yeso ayuda a separar los granos para que no se peguen tanto entre sí. Cúbralo con un poco de agua dulce y cocine a fuego lento durante unos quince a veinte minutos.

La cocción a fuego lento limpiará aún más el grano, pero lo que es más importante, lo obligará a absorber aún más agua. También activará las esporas que ya estén en el grano y eso hará que sea más fácil matarlas en el proceso de esterilización. El grano cocido a fuego lento debe escurrirse, y la mejor manera de hacerlo es verterlo en el marco de malla que usó para secar la paja picada. Si lo vierte mientras aún está caliente y el agua humeante en el exterior de las cáscaras de las semillas se escurrirá o se evaporará en forma de vapor, lo que le dejará un grano empapado por dentro pero seco por fuera. Cuando lo levante, se sentirá húmedo pero no mojado.

Con una cuchara para servir o una paleta limpia, ahora puede transferir el grano a los frascos de albañil que esperan, llenando cada uno hasta aproximadamente tres cuartos de capacidad. Taladre un agujero de un cuarto de pulgada en la tapa de metal de cada frasco Mason y bloquee el agujero con relleno de cojín. Esto permitirá que pasen el aire y el vapor, pero evitará la entrada de partículas más grandes. Vuelva a enroscar las tapas en los frascos y cúbralos con un papel de plata común para cocinar para que el agua no gotee. Ahora coloque con cuidado los frascos en el esterilizador y luego llénelos con agua hasta la mitad de la altura de los frascos. Ajuste el esterilizador a quince psi y déjelo hervir durante noventa minutos completos.

Una vez hecho esto, tiene un entorno de grano estéril que será el lugar ideal para cultivar micelio. Todo lo que queda ahora es agregar el cultivo de hongos, pero hacerlo de tal manera que no contamine su grano. Si está haciendo esto en su cocina, limpie sus superficies con alcohol isopropílico y lávese bien las manos con desinfectante. Si tiene guantes quirúrgicos, úselos y lávese las manos incluso con ellos puestos.

Hasta que no domine el arte de producir su propia cultura, la comprará ya preparada. Vendrá en una de dos formas; en una placa de Petri como cultivo o en un líquido en una jeringa. Le recomendaría que comience con el cultivo en placa de Petri. Hay muchas empresas que le enviarán cultivos por correo, y todas ofrecen variedades interesantes. Cuando llegue a su buzón, deberá guardarlo en un refrigerador hasta que esté listo para usarlo. Es mejor tener todo colocado en una posición conveniente antes de comenzar para que no vaya de un lado a otro y corra el riesgo de contaminación una vez que abra el frasco de grano estéril.

Necesitará la placa de Petri, el frasco y un cuchillo afilado o bisturí. Límpielos todos con alcohol isopropílico antes de colocarlos en la encimera esterilizada. Calentar la hoja del cuchillo o bisturí con una llama hasta que esté roja. Un encendedor será adecuado, y si cree que lo hará de manera regular, puede comprar un mechero Bunsen para su próxima producción. Abra la placa de Petri y corte un cuadrado de aproximadamente media pulgada cuadrada después de enfriar primero la cuchilla en el borde de la placa. Abra el frasco y saque el cuadrado de cultivo adentro y cierre el frasco nuevamente. Repite ese proceso una vez más.

Se colocan dos piezas de cultivo en el grano estéril para que tenga diferentes puntos desde donde comenzar a crecer. Si agita suavemente el frasco, debería poder llevar sus dos piezas de cultivo a la mitad del grano, y su primer frasco de semilla de semilla casera estará listo. Todo lo que necesita hacer ahora es repetir el proceso en todos los frascos que ha esterilizado.

Etiquete y feche sus frascos y colóquelos en un estante a temperatura ambiente. La placa de Petri se puede volver a sellar y volver a colocar en la nevera para uso futuro. Lo principal que debe hacer es pensar en el futuro en cuanto a mantener el medio ambiente estéril. Desea que todo su equipo esté limpio y en un lugar conveniente antes de comenzar, y desea que las tapas de los frascos de conservas se quiten durante el menor tiempo posible. La mayor parte de esto es solo una cuestión de pensar en el futuro y trabajar lenta y metódicamente. Lo último que desea es estar listo y recordar de repente que no fue a buscar el cuchillo ni ninguna de las otras piezas vitales del equipo.

En una etapa posterior, veremos cómo establecer un pequeño laboratorio y todo el equipo que se incluye en él, pero, ciertamente, para comenzar, estará siguiendo los pasos de muchos otros productores de hongos exitosos si comienza en tu cocina.

El micelio comenzará rápidamente a colonizar el grano y, después de unos días, debería poder ver una estructura blanca en forma de red creciendo en los frascos. Una semana antes de usar, agite bien los frascos. Esto romperá tanto el grano como el micelio existente y podrá colonizar mejor el grano por completo. Así como una vez compró semillas de semilla para cultivar sus primeros hongos, ahora tiene un producto vendible que puede ofrecer a otras personas que quieran entrar en el negocio del cultivo de hongos oa cultivadores que no se molestan en producir su propia semilla. Intercambiar semillas de semilla con otros productores es una excelente manera de expandir la cantidad de variedades disponibles.

Capítulo 10

Sustratos

Los sustratos son una parte esencial del proceso de cultivo de hongos. Desempeñan un papel similar para los hongos que el suelo para las plantas, ya que proporcionan nutrientes y una base de crecimiento y una fuente de aire para el micelio. La buena noticia es que la mayoría de los hongos crecerán en una amplia variedad de sustratos. Prácticamente cualquier material rico en celulosa servirá siempre que permita el paso del aire y retenga la humedad. Sin embargo, una advertencia, hay muchas otras bacterias y hongos que encontrarán el sustrato tan ideal como lo hacen las esporas de los hongos, por lo que debe concentrarse en la higiene, de lo contrario, las especies no deseadas lo invadirán de la misma manera que un jardín. será invadida por malezas si las camas no se manejan correctamente.

La paja es un sustrato muy utilizado. Está fácilmente disponible y es barato y es realmente bueno tanto para retener la humedad como para permitir la circulación del aire. Como ya hemos visto anteriormente en el libro, funciona con mayor eficacia si se corta en trozos pequeños y es necesario esterilizarlo. Ambas son operaciones relativamente sencillas. El picado se puede hacer con un batidor de malezas o incluso en una licuadora de alimentos si está comenzando con cantidades realmente pequeñas.

La higiene es fundamental, y hemos visto cómo hacerlo utilizando tanto agua hirviendo como el método de la cal. Nuevamente, en operaciones a pequeña escala, simplemente se puede remojar en agua hirviendo en una estufa. No olvide drenarlo bien para que la humedad esté dentro del material en lugar de asentarse en las superficies exteriores. Si su pajita no es estéril, los microorganismos que ya están presentes crecerán y se harán cargo del proceso de colonización a un ritmo más rápido que el de la semilla de su hongo.

Muchas personas que no provienen de un entorno agrícola tienden a mezclar paja con heno. La paja se elabora con los tallos secos de cultivos como la cebada, el trigo, el centeno o la avena, mientras que el heno es hierba picada que se corta y se seca. Si bien algunas personas pueden usar heno, la paja es una apuesta mucho más segura, ya que es más fácil para el micelio acceder a los nutrientes que necesitan para crecer.

Los hongos que crecen bien en sustratos a base de paja incluyen la mayoría de los hongos ostra, Agarius, tapas de vino, pioppino, enokitakes y melenas peludas.

Otro sustrato que es popular entre los cultivadores comerciales es el aserrín enriquecido. Es de fácil acceso y barato, por lo que la atracción es obvia. Hay algunos factores que deben tenerse en cuenta. Algunos tipos de aserrín, como los de madera resinosa como el pino, no favorecen el crecimiento de hongos. Debe ceñirse a la madera de haya, aliso y fresno, aunque también hay muchas otras opciones. Una forma fácil de acceder al aserrín es comprar pellets de madera que se utilizan más comúnmente como fuente de calor para sistemas de calor que queman pellets. Estos gránulos se descomponen rápidamente cuando se sumergen en agua caliente y se esterilizan en el proceso de producción. Debe buscar pellets a base de madera dura.

Si el aserrín es demasiado fino, se compactará demasiado y el aire tendrá dificultades para pasar a través de los poros. Finalmente, el aserrín tiende a ser bajo en nutrientes, y la mayoría de los productores comerciales prefieren enriquecerlo con otros aditivos. Bran desempeña este papel a la perfección. Los hongos que crecerán en sustratos de aserrín incluyen ostras, reishi, melena de león y maitakes.

El sustrato más común para la producción comercial de champiñones, ciminis y portabellos es el compost mezclado con estiércol. Tienden a usar compost esterilizado que compran preesterilizado a especialistas a gran escala, y los productores pueden obtener tres descargas de una mezcla, después de lo cual es demasiado bajo en nutrientes. Sigue siendo un excelente material para el acondicionamiento del suelo y es buscado por paisajistas y jardineros, proporcionando así una segunda fuente de ingresos.

Algunos hongos, como los shiitakes, crecen bien en troncos. Este fue el primer sistema que sabemos que se usó para el cultivo de hongos, y todavía se usa hoy en día, aunque con algo más de ciencia involucrada. Cuando se cultivan hongos en troncos, es crucial investigar un poco qué hongos corresponden a qué tipo de árbol. Aunque el micelio eventualmente tomará muchas especies diferentes de troncos, el crecimiento será mucho más rápido en los troncos en los que crece el hongo en condiciones naturales.

Los mejores tipos de troncos tienden a ser maderas duras que no se vuelven demasiado duras. Esto incluiría árboles como fresnos y hayas en lugar de árboles más duros como el roble. No es necesario esterilizar los troncos, pero será necesario remojarlos. Una vez que el desove comienza a producirse, seguirán produciendo hongos durante muchos años. Los hongos que crecen bien de esta manera incluyen shiitake, maitake, reishi, melena de león, ostras y oreja de madera.

Hoy en día, en lugar de simplemente colocar los troncos cerca de otros que ya han sido colonizados, los productores tienden a perforar agujeros en la madera y llenarlos con tapones de desove o desove de grano. Como siempre, las condiciones nunca deben secarse o dejarse a la luz solar directa, pero aparte de eso, se necesita poco mantenimiento. Los troncos tienen la ventaja adicional de proporcionar pocos problemas de eliminación.

Un producto de desecho de libre acceso que está ganando popularidad son los posos de café. Las grandes cafeterías tienen mucho de este producto y, en general, estarán más que felices de que un cultivador de hongos se lo quite de las manos. Los posos de café tienen la gran ventaja de haber sido esterilizados durante el proceso de elaboración del café. Algo a tener en cuenta es que no todo el café se cultiva de forma ecológica. Aunque hay muy poca probabilidad de que algún contaminante químico pase a través del procesamiento del grano y luego de la preparación del café, es algo que algunos cultivadores de hongos orgánicos pueden encontrar ofensivo. La mayoría de las cafeterías podrán decirle rápidamente si están usando granos cultivados orgánicamente o no.

Al igual que con el aserrín, el café es fino y se compacta muy fuerte, lo que reduce el flujo de aire. Para superar esto, el productor mezcla la paja picada a una tasa de alrededor del veinte por ciento, y hay mucha evidencia que sugiere que esto supera los problemas de transferencia de aire. En pequeñas cantidades, hasta dos libras, el peso de los posos de café es tal que la compactación no es un problema, por lo que esto le permite experimentar con lotes pequeños sin necesidad de tomarse la molestia de esterilizar la paja. El café se descompone bien cuando se composta, por lo que la eliminación no es un problema y algunos productores de cítricos lo usan como acondicionador del suelo sin ningún tipo de compostaje.

La lista de sustratos es casi interminable. Los productores cultivan hongos en hojas de té, hojas de plátano, mazorcas de maíz, pepitas de frutas, cáscaras, desperdicios de papel e incluso cartón triturado. Probablemente sea mejor aprender primero la técnica de cultivo, pero después de eso, puede comenzar a experimentar fácilmente con productos de desecho que están fácilmente disponibles en su región. Si tiene éxito con ellos, puede convertirlos como sustrato o incluirlos con otros sustratos que ya está teniendo éxito.

Sería negligente no mencionar un sustrato en particular del que oirás hablar con regularidad si te involucras seriamente en la producción de hongos. La mezcla de Mater está hecha de cáscaras de soja y aserrín, y los cultivadores que la usan mucho juran que es la mezcla más confiable para cultivar todo con la excepción de los hongos shitake. Muchos cultivadores comerciales ponen esta mezcla en bolsas de cultivo de hongos y las esterilizan sin siquiera mezclarlas. Dicen que se mezclan después de la inoculación, por lo que pueden ahorrar tiempo al no hacer una premezcla. Una vez mezcladas las bolsas, se esterilizan y posteriormente se inoculan con el hongo que se requiera. Luego cultivan los hongos y cosechan directamente de las bolsas de cultivo.

La mezcla de Masters es muy sencilla. Consiste en un tercio de cáscaras de soja, un tercio de aserrín y un tercio de agua. Las cáscaras de soja absorben el agua extremadamente bien y tienen un alto contenido de carbohidratos, lo que las convierte en un alimento perfecto para los hongos. El aserrín puede ser polvo crudo o gránulos de leña, pero se prefiere una mezcla de madera dura. Se recomienda poner primero las cáscaras de soja en la bolsa, luego el aserrín y finalmente el agua. Las cáscaras de soja absorben más agua que las cáscaras, por lo que se colocan en la parte inferior.

Cuando se deshaga de sus sustratos después de su uso, siempre sáquelos del sitio lo más rápido posible. Algunos jardineros y centros de jardinería se los comprarán, y algunos cultivadores tienen una pequeña ventaja vendiendo sus bloques de hongos usados. Son maravillosos para mejorar el suelo, y si está ejecutando una operación de vegetales además de la granja de hongos, los dos negocios pueden complementarse muy bien. Si no puede venderlos, asegúrese de deshacerse de ellos rápidamente ya que son favorecidos por alimañas, como ratas y ratones. Estas son criaturas que no quieres que entren en tu cuarto de cultivo.

Capítulo 11

El Laboratorio

El objetivo de este libro era hacer que el cultivo de hongos fuera accesible, y solo escuchar la palabra laboratorio parece alejarse de eso. Inmediatamente evoca imágenes de un mundo de alta tecnología con personas con trajes protectores y productos químicos de olor extraño burbujeando. Hasta ahora, las operaciones que se han realizado han estado bien sin un laboratorio, pero las cosas están a punto de volverse un poco más sensibles a la contaminación. De hecho, el laboratorio de los cultivadores de hongos es mucho menos del siglo veintidós, y todo lo que necesitas es una forma de mantener la mayor cantidad de atmósfera estéril posible. Para algunos, esto significa una habitación dedicada, y para otros, es una esquina de una habitación donde una sección ha sido separada con dos por cuatro y luego enmascarada con láminas de plástico.

Si no tiene la inclinación de pasar a otro nivel, sería perfectamente factible continuar sin un laboratorio y simplemente usar los sistemas que hemos mencionado hasta este punto. Sin embargo, le impediría hacer cosas como cultivar sus propias culturas, pero podría evitarlo simplemente comprándolas a productores comerciales. En algún momento, si quisiera expandir su operación de crecimiento más allá del nivel doméstico, necesitaría invertir en algún tipo de laboratorio. No hay nada que le impida permanecer pequeño hasta que llegue a un punto en el que los hongos hayan pagado el siguiente paso en el programa de expansión.

A continuación se muestra una descripción de todos los equipos a los que debe aspirar. Junto a eso está la versión alternativa de baja tecnología, que puede actualizar a medida que su operación se expande y progresa, y los fondos están disponibles de las ventas de sus productos.

Lo primero que vas a necesitar es un espacio dedicado. Puede comenzar a hacer todo esto en su cocina, pero a medida que avanza, encontrará que el cultivo de hongos se expande y devora su espacio, y muy poco después, si está trabajando en la cocina, los procedimientos de divorcio pueden comenzar. tener lugar.

Idealmente, tiene una sala dedicada. No es necesario que sea muy grande, y hay muchos cultivadores que combinan el espacio con dos por cuatro y hacen una pequeña habitación dentro de una habitación revistiéndola con láminas de plástico. Este es un arreglo que puede funcionar a corto plazo pero, con el tiempo, se volverá demasiado restrictivo.

Suponiendo que tenga una habitación, lo primero que necesitará es una superficie de trabajo dedicada que pueda limpiar regularmente con alcohol. En un mundo ideal, una mesa de acero inoxidable sería perfecta, pero una encimera de cocina de Formica funcionará bien. Si todo lo que puede extender es una mesa de madera, píntela con un par de capas de pintura acrílica para que se pueda limpiar fácilmente. Una campana de flujo laminado es un sistema que expulsa aire filtrado de una rejilla de metal, y esto asegura que las esporas que flotan en el aire sean expulsadas del lugar de trabajo y reemplazadas por aire filtrado limpio. Este es probablemente uno de los artículos más caros en cualquier laboratorio, y le mostraremos cómo hacer uno usted mismo en un capítulo posterior. Mientras tanto, puede ejecutar una operación a pequeña escala utilizando lo que se conoce como caja de aire inmóvil. Esta es una caja de plástico transparente en cuyo lado se cortan dos orificios para que el usuario pueda meter los brazos dentro. Al mirar hacia abajo a través de la tapa, pueden realizar sus operaciones sin que el aire pase sobre el trabajo. Es un proceso lento y algo torpe, pero solo cuesta un par de dólares y funciona.

Es probable que el siguiente artículo más caro sea el autoclave o la máquina esterilizadora. Aquí nuevamente, hay opciones económicas. Una máquina esterilizadora ideal será una que se pueda conectar directamente a la red eléctrica y pueda contener cómodamente frascos de diez cuartos o seis bloques de fructificación de cinco libras. También soportará hasta una presión mínima de quince psi. Nuevo, un artículo como este no debería costar más de un par de cientos de dólares, pero una olla a presión de cocina común logrará el mismo resultado pero en una base más pequeña y menos conveniente.

Necesitará estanterías o estanterías de algún tipo. Lo ideal sería algo de metal que no admita demasiados gérmenes o microbios, pero puede golpear algo de madera si es necesario.

Necesitará placas de Petri estériles. Estos vienen preesterilizados en pilas de veinte o veinticinco. No cuestan mucho, pero los frascos de vidrio para mermelada harán el trabajo siempre que estén debidamente esterilizados. Una vez cargadas, las placas de Petri se sellan con la película para estirable, aunque la cinta de enmascarar hace un trabajo similar.

Siempre necesitará un montón de toallas de papel, alcohol isopropílico, atomizadores, guantes quirúrgicos y un bisturí. Puede reemplazar el bisturí con un cuchillo afilado, ya que ambos deberán esterilizarse sobre una llama antes de usarlos. Con esto en mente, un quemador de alcohol es útil, pero un encendedor hará el trabajo.

Las bolsas de hongos son lo mejor para hacer que su grano se reproduzca, pero las bolsas de plástico resistentes funcionan. Las bolsas de hongos se pueden sellar después de cargarlas con un sellador de impulso, pero se aceptan ataduras de alambre o cierres de cremallera. Tenga un rotulador en la habitación porque no quiere tener que volver a un ambiente sin esterilizar solo porque necesita etiquetar algunas placas de Petri. También necesitará una escala precisa que le dé medidas precisas hasta el nivel de gramo.

Idealmente, el laboratorio tendrá al menos un grifo para agua corriente y muchos enchufes. Estas son cosas que puede solucionar, pero nunca puede tener suficientes enchufes y los bloques de extensión se convierten en un obstáculo con bastante rapidez. Necesitará una nevera, pero cualquier nevera de segunda mano estará bien.

Los laboratorios más avanzados se mantienen a presión positiva. Esto empieza a parecer realmente intimidante, pero en primer lugar es un lujo, no imprescindible, y en segundo lugar, incluso en algunas operaciones bastante grandes, son asuntos caseros que son realmente bastante simples. Consisten en un sistema que aspira aire a través de un filtro y lo sopla en el laboratorio. Luego, se filtra lentamente a través de puertas sin sellar y se abre, pero el aire en el laboratorio está a una presión ligeramente más alta que en el exterior. Esto evita que las esporas transportadas por el aire circulen en el aire, y los filtros se cambian de vez en cuando para que lo que se succiona no pueda llevar impurezas.

Todo lo anterior parecerá una cantidad prohibitiva de equipo para cualquier cultivador de hongos que esté comenzando. En primer lugar, es importante recordar que no necesitará todo esto desde el primer día. La mayoría de los sistemas que ya hemos analizado para cultivar hongos en perfecto estado no necesitan niveles tan altos de esterilidad. En segundo lugar, gran parte de lo que sucede en un laboratorio puede ser realizado por productores comerciales que le venderán productos esterilizados listos para usar. Finalmente, la mayor parte de esto puede ser elaborado por cualquier persona con un nivel básico de habilidades como personal de mantenimiento.

Incluso si eres una de esas personas que sienten que necesitan todos los artilugios, campanas, silbatos y piezas del equipo desde el principio, el desembolso por todas las cosas que hemos mencionado no es abrumador, y deberías poder hacerlo. obtenga un retorno bastante rápido de su inversión siempre que pueda manejar la comercialización de su producto de manera efectiva. Dicho esto, si bien es bueno tener todo lo que necesita, el activo más importante que puede adquirir cualquier cultivador de hongos es el conocimiento, y eso lleva tiempo. Le sugiero que comience en el nivel más bajo de tecnología que pueda, ya que aprenderá mucho sobre el proceso a lo largo del camino. Esa es una curva de aprendizaje que no querrá perderse y que un gran equipo no puede reemplazar.

Independientemente de la alta tecnología que tenga su laboratorio, las habilidades de laboratorio son críticas si va a mantener un entorno estéril. Deberá adquirir el hábito de practicar constantemente una buena higiene en todos los niveles, desde cómo limpia el equipo entre operaciones, hasta cómo se realizan todas y cada una de las operaciones. Al comenzar poco a poco y crecer, aprenderá a dominar cada una de estas habilidades en un nivel básico, y cuando las combine en un laboratorio, casi instintivamente seguirá procedimientos estériles. Cuando comete errores en un nivel pequeño y está obligado a hacerlo, el costo no es demasiado punitivo, pero las lecciones aprendidas son enormes. Aprender a gran escala no evitará las mismas lecciones, pero podría terminar costando mucho más.

Capítulo 12

Fabricación de Placas de Agar

Cuando hizo su primer desove de grano, dio un gran paso hacia la independencia en su proceso de producción de hongos. Fue un paso de la operación de cultivo que cayó bajo su control y le salvó de tener que importar un ingrediente muy importante. Cuanto más del proceso pueda realizar por su cuenta, más independiente se volverá. Al mismo tiempo, le brinda una mayor comprensión de todo lo que implica la producción de un hongo de principio a fin, y es ese panorama general lo que hace que el cultivo de hongos sea una operación tan fascinante.

El siguiente paso será la creación de su propio spawn. Aunque siempre habrá más cosas que aprender en este procedimiento a gran escala, el cultivo de sus propias culturas lo colocará en una posición de poder producir independientemente de cualquier otro proveedor. Más adelante veremos las ventajas y desventajas de esto, pero antes que nada, debes adquirir las habilidades necesarias involucradas. En el transcurso de los próximos dos capítulos, examinaremos todos los factores principales que intervienen en el cultivo de su propio micelio desde cero.

Las placas de agar son simplemente placas de gelatina estériles que proporcionan el medio de cultivo perfecto para las esporas de hongos. No es un proceso particularmente complicado, pero exige mucha más higiene de la que se le ha exigido hasta ahora. La razón es que en el aire hay tantos microbios flotando esperando el ambiente perfecto para colonizar. Si llegan a sus placas de agar, las contaminarán y se encontrará cultivando cultivos que no desea.

Para esta operación, necesitará extracto de malta de cebada en polvo, levadura nutricional en polvo y agar-agar. Estos productos suelen estar disponibles en su farmacia, supermercado o tienda de alimentos saludables local. Si no tiene suerte en ninguno de ellos, simplemente conéctese en línea. Ninguno de estos productos es caro y los utilizará en cantidades muy pequeñas, por lo que no cambiarán drásticamente el presupuesto que ha reservado para la operación de cultivo de hongos.

En el lado del hardware, necesitará una botella para almacenar la mezcla de agar. Una botella de vidrio con tapa de rosca funcionará perfectamente, pero límpiela bien primero. Taladre un agujero de un cuarto de pulgada a través de la tapa y bloquéelo con un relleno de cojín limpio que usó para bloquear sus frascos de vidrio en procesos anteriores. Mientras está en el esterilizador o en la olla a presión, ese agujero deberá cubrirse con un trozo de papel de aluminio. Una olla a presión funcionará tan bien como un esterilizador exclusivo, pero asegúrese de poder colocar la botella elegida dentro de ella cuando se abra la tapa.

Necesitará una balanza de cocina precisa y una jarra medidora limpia para mezclar. También necesitará algunas placas de Petri esterilizadas. Como hemos visto anteriormente en el libro, también puede usar frascos de mermelada de vidrio estériles o frascos pequeños de vidrio, pero los platos de Petri no son costosos y realmente le harán la vida más fácil. Si va por la ruta de la placa de Petri, también necesitará una pequeña rejilla de metal, como una rejilla para pasteles y algo de parafilm.

El objetivo aquí es hacer placas de Petri que se llenen con una gelatina nutricional sobre la que luego puedas cultivar el cultivo de hongos que prefieras. Las proporciones que vas a necesitar son veinte gramos de extracto de malta de cebada, veinte gramos de agar y dos gramos de levadura por litro de agua. Si su botella es una botella de setecientos cincuenta mililitros, simplemente reduzca los ingredientes a tres cuartas partes de la ración anterior.

Pese los ingredientes y caliente suficiente agua para llenar la botella. Después de eso, simplemente mezcle los ingredientes y el agua tibia en su jarra, y se disolverán rápidamente. Una vez hecho esto, verterlos en la botella, tapar y tapar con un trozo de papel de aluminio. Ahora está listo para iniciar el proceso de esterilización a presión. El proceso implicará hervir la botella a quince psi durante cuarenta y cinco minutos. Aquí debe tener cuidado de que su biberón no se caiga en el esterilizador. Es bastante simple acuñarlo ligeramente con algunos de sus frascos de albañil.

Es después de esterilizar la solución de agar que tiene lugar la parte más complicada de esta operación porque es aquí donde debe evitar la contaminación. Primero limpie todas las superficies de trabajo con alcohol isopropílico. Use guantes quirúrgicos mientras hace esto y límpiese las manos enguantadas de vez en cuando. Si tiene una campana de flujo, va a verter delante de ella, y eso reducirá en gran medida las posibilidades de que el material no deseado llegue a sus platos. Si aún no ha llegado a esa etapa, solo deberá tener el mayor cuidado posible. Para cuando haya limpiado todo, su botella debería haberse enfriado hasta el punto en que pueda recogerla.

Solo en esta etapa abre el tubo de plástico de las placas de Petri. Corte el tubo abierto en el extremo que permite que los platos se deslicen hacia afuera de la base primero. Deslice dos pilas de diez placas de Petri sobre la rejilla que ha colocado frente a la campana de flujo. Si tiene cuidado al hacer esto, no debería necesitar tocar ninguno de ellos con las manos todavía.

Ahora levantas las nueve placas de Petri superiores y la tapa de la décima con una mano. Esto dejará una placa de Petri en la rejilla para pasteles frente a la campana, y puede verter la mezcla de agar hasta aproximadamente tres cuartos de la profundidad de la placa de Petri. Coloca la tapa encima y, al mismo tiempo, deja abierto el noveno plato, que llenas exactamente de la misma manera. Esto significa que cada plato está expuesto al aire durante el mínimo de tiempo. Ahora continúe subiendo por la pila antes de comenzar con la siguiente. Deberá trabajar a una velocidad constante para que la mezcla no se solidifique en la botella, pero no es un tiempo de fraguado demasiado rápido, así que no apresure el trabajo.

Una vez que todos los platos estén llenos y solidificados, puede sellarlos con parafilm, que es una cinta esterilizada transpirable y estirable. Si no tiene acceso a este producto, puede usar cinta adhesiva, pero no es lo óptimo.

Si ha realizado este trabajo correctamente, ahora tendrá un medio de cultivo estéril para cultivos en crecimiento. Puede guardar los platos en un estante, pero para mayor tranquilidad, es posible que prefiera guardarlos en bolsas individuales con cierre hermético o en una pequeña caja de plástico.

Si no tiene un laboratorio o una campana de flujo, aún puede probar suerte en esta parte del proceso de cultivo de hongos. Es posible que pierda algunas culturas a causa de la contaminación por el impacto financiero que no será demasiado grande y obtendrá una experiencia valiosa. Gran parte de este proceso se mejora con la práctica. Aprendes los pequeños trucos, como cuándo abrir la botella de agar, cuándo abrir las placas y cuánto parafilm cortar. Cuanto más haga estos trabajos, más eficiente y experimentado se volverá. Lo que parece un acto de malabarismo en este momento pronto se convertirá en una segunda naturaleza después de haberlo hecho una o dos veces. Cuando tenga este método bien y verdaderamente en su haber, puede comenzar a ofrecer este engendro como otro producto a los clientes que quieran probar suerte en el cultivo de sus propios hongos.

Capítulo 13

Cultivo Líquido e Impresiones de Esporas

En este capítulo, veremos cómo puede capturar esporas de hongos para que no necesite comprar en su cultivo. Una vez que domine esta técnica, puede combinarla con algunos de los métodos anteriores para cultivar sus propios hongos y será efectivamente autónomo. Se trata de un método sencillo y de baja tecnología para utilizar las esporas como fuente de nuevos hongos de la misma forma que sucedería en la naturaleza. La fruta que se produce a partir de esas esporas estará sujeta a cambios genéticos que ocurrirían en los hongos en su propio entorno. En el próximo capítulo, veremos el método de clonación un poco más complicado, que ofrece un cultivo mucho más confiable, pero que elimina la posibilidad de descubrir nuevas cepas y variedades de hongos que ofrece este método.

La forma más fácil de hacer esto es colocar una hoja limpia de papel de aluminio en su banco de trabajo ya limpio. Límpielo con alcohol y déjelo secar. A continuación, puede seleccionar un hongo del que desea recolectar esporas. Si simplemente lo coloca sobre la lámina plateada, con las branquias hacia abajo, durante unas horas, caerá una fina capa de esporas sobre el papel plateado que será visible para el ojo humano y se verá como un polvo muy fino. Estos se conocen como impresiones de esporas. Un hongo generalmente se reconoce como listo para soltar esporas cuando las branquias debajo de la tapa están abiertas. En condiciones salvajes, casi siempre dejan caer esporas por la noche.

A algunos cultivadores les gusta mantener la tapa del hongo fuera de la superficie del papel de aluminio pinchándola con brochetas de madera, y a otros les gusta simplemente colocarla directamente sobre el papel de aluminio. Para limitar la cantidad de contaminación, puede cubrir todo el asunto con una caja de plástico, un frasco de vidrio o colocar otra capa de papel de aluminio esterilizado sobre la parte superior y simplemente juntar suavemente los bordes. Si no cubre el hongo, corre el riesgo de contaminación o de que las esporas sean arrastradas por la más mínima corriente. Si deja su hongo durante la noche, entonces está razonablemente seguro de que encontrará esporas al día siguiente.

Para capturar esas esporas de manera estéril, necesitará algunos equipos. Necesitará una jeringa esterilizada, una aguja esterilizada de unos veinte calibres y un bisturí o cuchillo, así como un tubo de ensayo con tapa desmontable.

También necesitará un poco de agua esterilizada. Puede hacer la suya propia colocando un tarro de albañil con agua en su olla a presión y hirviendo durante veinte a treinta minutos. Alternativamente, una vez que ingrese a un flujo de producción regular, puede simplemente colocar un frasco de agua en el esterilizador la próxima vez que el tour esté esterilizando para uno de los otros procedimientos, como hacer desove de granos.

Hay dos métodos para elegir ahora. La primera es llenar el tubo de ensayo con agua esterilizada. A continuación, esteriliza tu hoja poniéndola al rojo vivo. Sumérjalo en el frasco de vidrio con agua esterilizada para enfriarlo y luego, usando la parte posterior de la cuchilla, raspe suavemente algunas de las esporas. Las esporas se pegarán fácilmente a la hoja húmeda. Puede almacenar el cultivo líquido en el tubo de ensayo hasta que esté listo para usar.

Un método más fácil es llenar la jeringa con agua esterilizada y rociarla suavemente sobre las esporas donde formará una pequeña piscina. Esto se vuelve a aspirar con la misma jeringa. Las esporas ahora se habrán incluido en la mezcla.

De cualquier manera, ahora puede poner la jeringa etiquetada o el tubo de ensayo en el refrigerador y guardarlo hasta que esté listo para usar. Cuando esté listo para ello, puede inyectarlo en su bloque de fructificación o incluso en algunas de las placas de agar que ha hecho, y pronto el micelio comenzará a extenderse exactamente de la misma manera que cuando usaba las esporas compradas. Algunas bolsas para el cultivo de hongos vienen con un puerto de inyección incorporado, especialmente para este propósito. Simplemente inserta la aguja en el puerto y dispara a la mezcla y espera a que crezca.

Algunos cultivadores prefieren hacer frascos pequeños conocidos como tortas de hongos. Este es solo un pequeño tarro de albañil

71

lleno de vermiculita y grano esterilizados. Antes de colocar la mezcla en los frascos, taladre cuatro pequeños orificios en el borde de la tapa para que la aguja pueda introducirse en la mezcla y luego limpie el frasco esterilizado con alcohol en un paño de cocina. Llene el frasco hasta media pulgada desde la parte superior y luego cubra la mezcla con media pulgada de vermiculita. Esto evitará que las esporas alienígenas lleguen a la mezcla. Luego puede inyectar su jeringa de esporas en los pasteles y permitir que el micelio colonice de la manera normal. Cuando las esporas hayan colonizado por completo tu pastelito, abre el frasco y pon los pasteles en remojo en una olla con agua hasta que se saturen. Luego, los hongos crecerán en los pasteles, o puede agregarlos a una mezcla más grande en una cámara de fructificación. Esta es una buena forma de producir pequeñas cantidades de un hongo. Si cultiva los hongos en el pastel, puede cosecharlos y luego remojarlos nuevamente para obtener una segunda, y a veces incluso una tercera cosecha.

Deje unos días a temperatura ambiente para que las esporas comiencen a crecer en el agua. Después de eso, el tubo de ensayo o la jeringa se pueden colocar en un refrigerador. En un frigorífico, el cultivo líquido puede conservarse durante mucho tiempo. La mejor temperatura para mantener su jeringa de esporas en buenas condiciones es entre 32 ° F y -50 ° F. A esta temperatura, las jeringas de esporas no contaminadas se mantendrán hasta por dos años. Asegúrese de etiquetarlo y de guardar el tubo de ensayo o la jeringa en una bolsa de plástico con cierre hermético. Esta forma realmente sencilla de hacer tu propia cultura tiene varias ventajas.

Evidentemente, es más económico que comprar en cultivo líquido o los cultivos se cultivaron en placa de agar, pero también te brinda la posibilidad de cultivar diferentes tipos de hongos. Por ejemplo, si vieras un hongo silvestre de buen aspecto, no habría nada que te impidiera recolectar esporas y hacer un cultivo para que pudieras intentar reproducir ese hongo en tu propio laboratorio. Por supuesto, debe asegurarse de que el hongo del que está recolectando esporas sea una variedad comestible.

Hay otra forma aún más fácil de mantener la huella de esporas de hongos. Eso es para mantener la impresión real en sí. Coloque las aletas de la tapa del hongo hacia abajo sobre un cuadrado de papel de aluminio que sea un poco más grande que la tapa del hongo que ha elegido. Cubra con un frasco de vidrio y deje reposar de veinticuatro a cuarenta y ocho horas. El hongo dejará caer sus esporas y, con suerte, dejará una impresión perfecta en la lámina. Una vez que el hongo haya dejado caer sus esporas sobre la lámina de plata, asegúrese de que la humedad de la tapa del hongo se evapore. Simplemente coloque el frasco de vidrio sobre la impresión nuevamente y se secará en una o dos horas. Después de eso, tienes dos opciones. Puede juntar las esporas en un bastoncillo de algodón limpio (y guardarlo en una bolsa con cierre hermético), o puede colocar otro cuadrado de papel de aluminio sobre el sobre y doblar los bordes para hacer un sobre o paquete pequeño. Esto también se puede guardar en una bolsa con cierre hermético. Debe concentrarse realmente en su etiquetado, pero estas impresiones se pueden almacenar en su biblioteca de esporas o en un armario oscuro y fresco hasta que esté listo para usarlas. Cuando necesite usarlos, reúna las esporas en una jeringa estéril tal como lo hizo antes.

Este método suena casi demasiado fácil, pero debes recordar que el hongo dejará caer millones de esporas y solo necesitas una o dos para seguir siendo viable para hacer crecer tu micelio.

Al seleccionar su hongo padre, buscará el hongo más saludable y mejor formado del grupo. La desventaja de este método es que cuando se cultiva a partir de esporas, nunca se está seguro de que la próxima generación tendrá los mismos rasgos. Eso es bueno y malo. Si tiene alguna divergencia con el hongo padre, ha elegido que podría ir en ambos sentidos. Puede terminar con un hongo débil y de aspecto delgado, o puede descubrir algo totalmente nuevo y con cualidades que serán buscadas. Se han descubierto muchas variedades nuevas exactamente de esta manera.

Una vez que haya estado en el juego de cultivo durante algún tiempo, descubrirá que su colección de jeringas aumenta, y es en esta etapa que debe pensar en una biblioteca de esporas dedicada. Lo mejor para esto es un simple refrigerador de vino o enfriador de bebidas que mantendrá su jeringa a una temperatura fría pero no permitirá que se congele. De no ser así, un armario oscuro y fresco servirá casi igualmente. Las bibliotecas de cultivos son una buena manera de reproducir hongos que funcionaron muy bien para usted, y también es algo que puede intercambiar con otros cultivadores. Algunos tienen esporas que se remontan a los hongos; crecieron en los años sesenta. Muchos productores se especializan en esporas inusuales y la venta de estas jeringas es una gran parte de su negocio. Si tiene un hongo que realmente aprecia pero no tiene espacio para seguir creciendo, este método le permite comenzar a cultivarlo nuevamente cuando sea el momento adecuado sin ocupar mucho espacio mientras se almacenan. El elemento más importante después de la conservación real de las esporas es el etiquetado. Hágalo mal y no tendrá idea de qué es lo que ha estado almacenando.

Para obtener una réplica exacta del hongo padre, necesitará producir clones, y eso es lo que veremos en el próximo capítulo. Es un poco más complicado, pero sigue siendo un tema que está al alcance del pequeño cultivador y productor doméstico.

Capítulo 14

Clonación

A diferencia del uso de esporas donde los hongos resultantes pueden ser un poco aleatorios en ocasiones, este método le permite reproducir una copia exacta del hongo del que extrae el material parental. Como toda reproducción de hongos, obtendrá mejores resultados si tiene acceso a un laboratorio con campana de flujo, pero eso no impide que el productor más pequeño obtenga buenos resultados en una cocina limpia.

Primero, elija el hongo o los hongos que va a clonar. Busque un crecimiento fuerte y saludable que ofrezca todos los atributos que buscaría en un hongo vendible. Además, tómese el tiempo para examinar los otros hongos que crecen en el mismo grupo para asegurarse de que también tengan un aspecto saludable. Una vez que haya decidido el hongo que va a clonar, colóquelo en la encimera pero no directamente frente a la campana de flujo. Cuando se usa una campana de flujo, siempre es necesario mantener los materiales más limpios cerca de la campana y el trabajo lejos de allí. Ahora debes limpiar el hongo con un paño de cocina y un poco de alcohol.

Necesitará algunas placas de agar preparadas, un cuchillo o bisturí esterilizados y el paño de cocina habitual y alcohol. En el primer método, coloque algunas placas de agar en su rejilla bien limpia frente a la campana de flujo. Retire la cinta de alrededor de las placas de agar, pero no las abra todavía. Después de eso, corte el hongo para que pueda acceder a la pulpa interior que no ha tenido la posibilidad de contaminarse, ya que estaría protegida por la pulpa exterior de la planta. Vuelva a calentar la hoja para que vuelva a estar esterilizada. Déjelo enfriar tocando el borde de una placa de Petri y luego corte o raspe un pequeño trozo de la pulpa del hongo. Su objetivo es una pieza del tamaño de una cabeza de fósforo. Abra la placa peri y déjela caer en el agar. Repita esta operación dos veces más para que haya tres trozos de la pulpa interna del hongo colocados uniformemente alrededor de la placa de Petri y luego cierre la placa.

Repite esta operación para tantas placas de Petri como quieras recolectar. La razón por la que pones tres piezas en el agar es que da más lugares para que crezca el micelio. Una vez que haya sembrado todas las placas de agar, vuelva a sellarlas con cinta adhesiva nueva y etiquételas. Luego, pueden mantenerse a temperatura ambiente y, en unos días, podrá ver las esporas de micelio creciendo a través de las placas. Una vez que haya suficiente crecimiento blanco saludable en la mayor parte del agar, puede colocar las placas en la parte posterior con cierre hermético y guardarlas en el refrigerador hasta el momento en que las necesite. El micelio se puede usar para comenzar a crecer en la espora de su grano o como una fuente de micelio adicional en otras placas si necesita más en una etapa posterior.

Si hay leves signos de contaminación en uno de los trozos de hongo, es posible que pueda levantar algunos de uno o dos de los otros trozos y colocarlos en otra placa de agar, siempre que se vean saludables. Si, por otro lado, la contaminación se extiende por todo el plato, entonces simplemente debe desecharse y deberá cultivar más a partir de un hongo fresco.

Si va por la ruta más baja de tecnología e intenta hacer clones de placa de agar en su hogar, entonces limpie esa área lo más posible. Ahora deberá realizar la operación con el uso de una caja de aire quieto. Puede hacerlo cortando dos agujeros en el costado de una caja transparente. Al darle la vuelta, podrá raspar la pulpa del hongo y colocarlo en las placas de Petri debajo de la caja. Puede hacer esto con la caja al revés sobre su trabajo o con la tapa en la caja y los materiales adentro. Efectivamente, todo lo que hace la caja es asegurarse de que el aire no se mueva sobre los materiales mientras trabaja, lo que limita la exposición a los contaminantes del aire.

No es un sistema perfecto y hace el trabajo algo engorroso, pero es sorprendentemente efectivo. Por supuesto, la caja en sí deberá estar perfectamente limpia, por lo que deberá rociarla con alcohol antes de intentar hacer algo debajo de ella.

La clonación ofrece un método único para reproducir hongos con un estándar exacto. Esto permite al cultivador producir una cosecha uniforme de solo los mejores hongos, lo que tiene obvias ventajas comerciales. También le permite seguir produciendo hongos de calidad de forma continua simplemente produciendo más semillas del mismo lote cuando se esté agotando.

Otra ventaja es que cada vez que el agricultor ve un hongo con atributos que cree que podrían ser ventajosos, puede hacer clones de ese hongo en particular. Esta es una forma particularmente buena de producir esos hongos silvestres difíciles de encontrar. Obviamente, esto requiere un conocimiento experto, pero si puede comenzar a producir hongos silvestres conocidos de manera regular, siempre habrá un mercado listo. Sin embargo, cabe señalar que los hongos silvestres contienen muchos más contaminantes residentes, por lo que no siempre es fácil conseguir que los cultivos se tomen de forma limpia.

Capítulo 15

La Campana de Flujo Laminar

Una campana de flujo es una pieza de equipo realmente útil una vez que su granja de hongos comienza a expandirse. Reducirá drásticamente la cantidad de contaminación que obtiene. Hasta ahora, probablemente haya estado trabajando con una simple caja de aire inmóvil casera. Aunque estos son bastante efectivos y muy baratos, si ha estado usando uno, habrá aprendido que pueden ser bastante frustrantes de usar. Debes tener todo tu equipo debajo antes de comenzar, y puede ser realmente complicado. Una vez que comience a producir hongos a escala, querrá una campana de flujo.

Estos son uno de los elementos más costosos para su operación, por lo que deberá pensar detenidamente antes de comenzar y comprar uno. Aunque se usa el término campana de flujo, efectivamente es solo una caja encima de otra en la parte posterior de su banco que aspira aire ordinario a través de un prefiltro y luego lo expulsa a través de un filtro muy fino para que no haya patógenos. . En primer lugar, deberá decidir exactamente qué es lo que desea hacer una vez que tenga uno. Si solo desea hacer sus propias placas de micelio, puede hacerlo con una capucha bastante pequeña, pero si va a hacer muchas bolsas de semillas de grano, entonces vale la pena pensar en algo un poco más grande.

El tamaño de su campana lo dicta el tamaño del filtro, y hay tres tamaños principales disponibles. Estos son 12 x 12, 24 x 24 y 24 x 48 pulgadas. El filtro debe ser un filtro HEPA que sea capaz de filtrar el 99,99 por ciento a 0,3 micrones. Obviamente, cuanto más grande sea la unidad que elija, mayor será el filtro que necesitará y mayor será el precio.

Puede comprar una unidad prefabricada, pero son caras, y es mucho mejor comprar las piezas individuales y ensamblarlas usted mismo. Una vez que haya encontrado las piezas correctas, en realidad es solo cuestión de hacer dos cajas de madera contrachapada y hacer un cableado muy básico.

Vas a necesitar el siguiente material.

- Una hoja de capa de ¾ de pulgada

- Un filtro HEPA

- Un prefiltro

- Un ventilador (vea las notas a continuación)

- Una longitud de madera de 2 x 3

- Un trozo de burlete

- Pegamento de madera

- Algunos calking

- Una caja de interruptores

- Cable de alta resistencia para pasar del interruptor al enchufe

Su ventilador será crucial para esta operación y necesita uno que empuje a 800 pies por minuto (FPM). Habrá una caída de presión cuando el aire pase por el filtro HEPA y entre por el prefiltro. Por lo tanto, necesita un ventilador que pueda hacer frente a ambos requisitos, y la forma más sencilla de hacerlo es hablar con el fabricante y explicarle cuáles son sus especificaciones. Podrá ver el diagrama de flujo de sus productos y decirle qué ventilador es el más adecuado para sus necesidades.

Una vez que tienes tu fan, el trabajo real no es muy difícil para la persona promedio con algunas habilidades de manitas. Haga una caja de capas que se adapte al filtro HEPA. Taladre previamente todos los orificios para evitar que se partan y utilice pegamento y tornillos para sujetarlo firmemente y minimizar las fugas de aire. A continuación, atornille y pegue algunos bastones de 2 x 3 para que el filtro se asiente. Luego, puede mantenerse en su lugar con bastones cuando haya terminado. A continuación, averigüe en qué parte de la parte superior de la caja debe sentarse el ventilador para empujar el aire hacia el filtro HEPA y haga un agujero del tamaño del puerto de salida del ventilador. Algunos ventiladores vienen con una brida que le permite simplemente atornillarlos a su caja, y otros necesitan tener algún tipo de marco básico construido para acomodarlos. Selle los bordes del ventilador con el burlete para que el aire que sale del ventilador no se escape.

Ahora construye una segunda caja que cubre el ventilador y que atornilla a la primera caja. En esto, construya una tira deslizante para que pueda simplemente deslizar el prefiltro hacia adentro y hacia afuera sin tener que quitar la tapa. Taladre un agujero en la caja superior e introduzca su cable y luego conecte el interruptor en el exterior y conecte el cable al ventilador en el interior. Una vez que haya completado el ensamblaje y haya probado la unidad para ver que funciona, puede calafatear las juntas a través de las cuales podría filtrarse el aire.

Tenga cuidado con las aletas frontales del filtro cuando realice el ajuste final o lo transporte, ya que son muy finas y pueden romperse fácilmente. Si una explicación escrita sin diagramas no le proporciona una imagen mental suficiente para esta construcción, hay algunos videos excelentes en YouTube.

Capítulo 16

Hongos Para la Salud

Puede sonar extraño, pero los hongos tienen más en común con los humanos que con las plantas. Absorben oxígeno y emiten dióxido de carbono de la misma manera que nosotros, mientras que las plantas usan el aire de manera opuesta. Absorben dióxido de carbono y liberan oxígeno.

Sin embargo, cuando se trata de estructurar, los hongos son más similares a las plantas. Las paredes de las células vegetales están formadas por largas cadenas de carbohidratos llamadas polisacáridos, que varían mucho y son muy complejas. Las dos formas principales de enlace entre los polisacáridos son enlaces alfa y beta. No es demasiado importante a nivel de cultivador comprender este complejo sistema, pero lo que debe saber es que los hongos usan enlaces beta, y nuestros cuerpos están diseñados para romper los enlaces alfa como los que se encuentran en el arroz y las papas.

Son estos enlaces beta-glucanos los que interesan a los cultivadores de hongos en términos de salud. Algunos de ellos interactúan de una manera bastante profunda con la pared celular del sistema inmunológico humano. Esto no debería ser una sorpresa ya que el sistema inmunológico ha evolucionado junto con los sistemas fúngicos, algunos de los cuales son beneficiosos y otros no. Lo que está fuera de toda duda es que algunas conexiones de beta-glucano pueden unirse a las células inmunitarias humanas para estimular un sistema bajo activo o para ayudar a regular un sistema hiperactivo.

Evidentemente, el tipo de hongo y el método de extracción va a cambiar el efecto beneficioso, y eso, a su vez, se convierte en un tema bastante especializado. Algunos métodos usan el micelio en el desove de los granos y otros usan todo el cuerpo fructífero. Las propiedades medicinales se pueden extraer utilizando un sistema de agua caliente y un sistema de alcohol, o incluso sistemas duales. Este puede ser un tema muy complicado, pero hay algunos métodos que son bastante simples y al alcance del pequeño productor si siente que hay un mercado al que podría acceder o que este es un campo de cultivo de hongos que debe explorar. con más profundidad.

Incluso si decide que este no es un camino que quiere seguir, tener un conocimiento básico de las propiedades beneficiosas de los hongos puede ser una herramienta de marketing útil. Ya vimos anteriormente en este libro que los hongos pueden almacenar y entregar vitamina D capturada de la luz solar. También son ricos en vitamina B y selenio antioxidante. Ayudan a proteger contra el daño del ADN, y ahora hay evidencia que comienza a surgir de que pueden tener efectos beneficiosos tanto contra el cáncer como contra la degeneración neurológica, como la enfermedad de Alzheimer. Se ha demostrado que ayudan a que la sangre se vuelva pegajosa y, por lo tanto, a aumentar el colesterol, y esto puede tener efectos positivos, especialmente entre las personas con sobrepeso.

Sus altos niveles de vitamina C accesible mejoran los niveles de colágeno, que son buenos para las articulaciones y los tendones. También son buenos para elevar los niveles de calcio, que tienden a disminuir a medida que envejecemos, especialmente en mujeres o personas que se han sometido a tratamientos contra el cáncer. Su capacidad para distribuir aminoácidos es importante para las personas que siguen una dieta vegana.

Mucho de lo que sabemos sobre los beneficios de comer hongos aún no se comprende completamente. Lo que sabemos es que para acceder a los beneficios, es preferible que las setas estén cocidas. Esto quiere decir que se saltea ligeramente, se asa o se asa a la parrilla, lo que también acentúa el sabor. No todos los hongos brindan la misma cantidad de beneficios, y la mejor manera de acceder a ellos es consumir muchos tipos diferentes de hongos. Incluso si eso es difícil y una persona solo tuviera acceso a champiñones blancos comprados en el supermercado, aún se obtendrían beneficios.

Aún no se comprende completamente por qué los hongos parecen tener tantos beneficios para la salud. Lo que podría ser la razón es que compartimos una estructura intercelular común. Ambos somos heterótrofos, lo que significa que ambos nos alimentamos de otros elementos. Los hongos están presentes en todo nuestro cuerpo y se han adaptado para vivir en diferentes lugares. Hay más de ochenta formas microscópicas diferentes de hongos que viven en su talón, por ejemplo. Son una parte importante del bioma humano y eso está comenzando a llamar cada vez más la atención de los científicos.

Capítulo 17

Hongos Mágicos

Libreshotmush

Los alucinógenos son un campo muy especializado del mercado de cultivo de hongos. No tanto por la producción real de los hongos en sí, sino porque habrás optado por entrar en un área que puede ser un campo de minas legal. Existe un buen mercado para los llamados psicodélicos y debido a que recolectar estos hongos en la naturaleza está tan plagado de riesgos de identificación errónea, su base de clientes, una vez desarrollada, será leal y estará preparada para pagar una cantidad superior de dinero por un producto que ellos saber no les hará volver los dedos de los pies o enfermar mucho.

Al igual que con todo el mundo de los narcóticos ilegales, si decide nadar en estas aguas, debe estar consciente de que estará nadando con tiburones. Obtener su material inicial del que ahora está bien equipado para cultivar más material será su primer obstáculo. Hay muchos kits a la venta, así como jeringas de esporas, pero en algunos casos, su autenticidad es cuestionable, y este libro no está en condiciones de aconsejarle cómo superar ese problema inicial. La mayoría de los psicodélicos son de la especie psilocibina, y hay sitios en Internet que ofrecen cepas mejor conocidas como psilocybe cubensis B + y Golden Teacher en varias formas.

En todo el mundo, la psilocibina y el hongo psilocina se consideran medicamentos de la Lista 1 y lo han sido desde 1971. A diferencia de la mayoría de los narcóticos de la Lista 1, estos no están regulados por ningún tratado de la ONU, o al menos no lo estaban en el momento en que se publicó este libro. . Esto significa que su estado criminal está controlado por una mezcolanza de leyes nacionales, estatales y provinciales, que pueden ser una red complicada de tratar de desenredar. Esto se complica aún más por el hecho de que las esporas de psilocybe no contienen psilocibina ni psilosina y, por lo tanto, no contienen narcóticos; por lo tanto, no se incluyen en la Ley del Anexo 1 de 1971. Sin embargo, no vea esto como una laguna legal. Si las autoridades descienden sobre usted, bien podrían decidir enjuiciar bajo las leyes relativas a la fabricación de drogas, que conllevan penas realmente severas.

Dejando a un lado los riesgos, si decide seguir esta ruta, el cultivo real de hongos difiere poco de todo lo que probablemente ya haya dominado. Normalmente se cultivan en un sustrato de flor de arroz integral y vermiculita y generalmente colonizan en cuatro a cinco semanas. Después de eso, póngalos en una cámara de fructificación y su cosecha debería estar lista dos semanas después. Otro método es hacer tortas de frutas con hongos que mencionamos anteriormente. Los hongos recolectados dejan caer suficientes esporas para que puedas hacer tus propias jeringas de esporas, y una vez colonizadas, estas pueden mantenerse viables durante varios meses en un refrigerador para que puedas seguir reciclando el proceso.

Estos hongos, como muchos otros hongos, no tienen una vida útil muy larga ni siquiera en la nevera, y también comienzan a perder sus cualidades alucinógenas. Si no los va a vender inmediatamente, debería considerar secarlos. Muchas personas hacen esto simplemente colocándolos en una hoja de papel durante dos días frente a un ventilador doméstico normal. Este método de baja tecnología los secará pero no hasta el punto en que se sequen instantáneamente. El secado rápido es donde un hongo está lo suficientemente seco como para romperse como una galleta cuando lo rompes, y este es el nivel de deshidratación al que debes aspirar.

Para lograrlo, lo más fácil es colocarlos en un secador de alimentos y dejarlo encendido hasta obtener el nivel de deshidratación deseado. Si no desea ampliar este gasto, existen dos alternativas más económicas; puedes colocarlos encima de un trozo de papel de plata en una bandeja de horno y dejarlos en un horno bajo durante varias horas, o puedes colocarlos en un recipiente, cuya base está llena de desecante. Los desecantes incluyen gel de sílice, calcio anhidro y arena para gatos. El hongo deberá colocarse sobre una bandeja de alambre por encima de la altura del desecante elegido para que no entren en contacto con él. Deben estar lo suficientemente secos dentro de las veinticuatro horas, pero será fácil de probar usando la prueba rápida.

Los consejos dados en este capítulo no han sido ampliamente probados y se sugiere que lo piense bien antes de seguir esta ruta. En primer lugar, si logras perfeccionar tus técnicas de producción, puedes ganar mucho dinero vendiendo hongos comestibles legales y saludables. Además, una vez que te involucres en el mundo de los hongos mágicos, encontrarás que probablemente tendrás que empezar a lidiar con algunos personajes algo insalubres, especialmente si empiezas a producir en grandes cantidades y no puedes simplemente comercializar a personas que conoces. Es tu decisión, pero te han advertido.

Capítulo 18

Expandiendo su Operación

Si es diligente y aprende de sus errores, en unos pocos meses, encontrará que está produciendo muchos más hongos de los que puede consumir y habrá pasado a alguna forma de vender sus productos. Hasta ahora, probablemente ha estado trabajando a tiempo parcial y, sin embargo, ya está descubriendo que puede obtener una pequeña suma global cada mes desde un garaje o un sótano. De hecho, probablemente nunca creyó que ese pequeño espacio podría resultar en una fuente de ingresos tan grande. Este es un descubrimiento que es común a muchos cultivadores caseros de hongos. También es la etapa de peligro.

Aproximadamente en este punto del proceso, la mayoría de los productores comienzan a pensar en expandir sus operaciones. Una de las bellezas de este tipo de agricultura es que se presta tan fácilmente a la escalabilidad. El problema es que muchos agricultores, cuando dan el paso del estado de pasatiempo o de actividad secundaria, no se dan cuenta realmente de lo que sucede cuando dan el siguiente paso y deciden dedicarse a tiempo completo a la producción de hongos. En este capítulo, examinaremos algunas de las dificultades y luego buscaremos formas de evitarlas.

El primer gran error es subestimar la cantidad de trabajo requerido una vez que comienza a producir hongos a escala. Cuando era solo usted, no le importaba dedicar diez o doce horas adicionales a la semana a un proyecto que era tanto agradable como económicamente gratificante. ¿Por qué no multiplicar todo ese proceso por un factor de diez y comenzar el trabajo diario? Hasta ahora, todo ha ido muy bien, y estás bastante seguro de que es solo una cuestión de hacer todo a la potencia de diez.

Bueno, no es tan simple, y muchos cultivadores de hongos te lo advertirán si te tomas el tiempo de preguntar. En primer lugar, aunque el equipo que lo ha llevado hasta aquí ha funcionado perfectamente bien, puede que no sea lo mismo cuando lo está haciendo a escala industrial. ¿Realmente podrá cortar pacas de heno en longitudes de dos pulgadas con una desbrozadora y un tambor de cincuenta y cinco galones si está haciendo una docena de pacas por día? ¿Su estantería, que funcionó bien, produciendo cien libras de hongos por semana, podrá soportar cientos de libras más de semilla de grano? ¿Cuánto espacio necesitará y podrá mantener ambientes lo suficientemente estériles? ¿Cómo recuperará todo el esfuerzo físico adicional? Sobre todo, y esta es la piedra en la que muchas esperanzas fracasan, ¿todavía podrá vender hongos localmente a una escala mucho mayor?

Lo más probable es que necesite comprar más equipo. Necesitará contratar personal, y tendrá que dedicar algo de tiempo cada semana a hacer marketing y entrega. Todos estos son factores que pueden cambiar drásticamente los principios económicos de su negocio y todos deben tenerse en cuenta.

Debido a que está produciendo hongos a medida e inusuales, es probable que pueda superar todos estos problemas, pero deben considerarse de antemano. Si vas a lo grande, tu vida cambiará. Es muy probable que a menudo deba alejarse del lado práctico de la granja y concentrarse más en el marketing y la gestión. Tienes que decidir si es ahí donde quieres ir.

Habiendo sopesado todas las posibilidades y riesgos, usted estará en la mejor posición para tomar las decisiones necesarias para tal expansión. Uno de los factores positivos de este modelo de negocio es que puede escalar gradualmente y solucionar cada problema a medida que surja en lugar de tener que comprometerse a intervenir, botas y todo, como lo haría en otras empresas comerciales.

Un buen lugar para comenzar podría ser mirar su granja. Si fuera simplemente un garaje o un sótano, es posible que le haya dado un puñado de dinero en efectivo, pero probablemente esté llegando a un punto de saturación. Ahora que conoce todos los procesos de cultivo de hongos, puede comenzar a buscar un lugar un poco más grande y tener los espacios de trabajo completamente planificados para que haya un flujo lógico. El material de sustrato entra, se mezcla y se introduce en bolsas. En la habitación de al lado, se esteriliza a presión antes de ingresar al laboratorio para agregar el desove. Después de eso, se mueve a una cámara de desove, y desde allí, se agrega a los tubos de cultivo y se coloca en una cámara de fructificación. Finalmente, se cosecha, se empaqueta y se transporta para su entrega a los clientes. Todo se mueve de manera constante en una dirección, y no hay pérdida de tiempo o energía moviendo el material hacia atrás y hacia adelante nuevamente.

Para la mezcla masiva, puede comprar una mezcladora de compost grande y, en lugar de los esterilizadores pequeños que ha estado usando, ahora puede invertir en recipientes a presión grandes que puedan manejar docenas de bloques de fructificación en un proceso. Deberá considerar la iluminación y la ventilación a esa escala y, dependiendo de su clima, también deberá pensar en el control de la temperatura.

Todas estas cosas se pueden lograr ya un costo relativamente modesto, pero es necesario pensarlas antes de tomar cualquier medida. Es perfectamente factible hacer todo este crecimiento por etapas para que sus ingresos paguen por adelantado la siguiente fase de expansión. Si puede evitar pedir dinero prestado, estará en un lugar mucho mejor para capear las tormentas cuando inevitablemente golpeen.

Capítulo 19

Ventilación, Humidificación e Iluminación

Si decide expandirse y pasar a una operación más grande, tendrá más salas de fructificación abarrotadas, y esto significará que necesitará más ventilación y humedad. Ya no tendrá tiempo para simplemente rociar las cosas con una botella rociadora. Agregar estas dos operaciones puede parecer un poco intimidante al principio, pero en realidad son bastante simples y todo está dentro del alcance de un hogareño hábil.

Para la ventilación, necesitará un ventilador conectado a una manguera de papel de aluminio de ocho pulgadas. Lo que pretendes hacer es aspirar el aire de la sala de fructificación. El aire fresco podrá volver a entrar a través de puertas sin sellar, por lo que la falta de aire no se convertirá en un problema. Lo que no desea es que el aire dentro de la sala de fructificación se vuelva húmedo. Coloque el ventilador al final de la habitación, más alejado de la puerta, y coloque la manguera en un tomacorriente en una pared externa. Es probable que el aire que se succiona de la habitación contenga esporas de los hongos a medida que maduran, así que asegúrese de que se bombee al aire libre y no cerca de su laboratorio. Lo que tiene ahora es una habitación donde el aire se mueve constantemente y que tiene una presión ligeramente negativa porque saldrá de la habitación más rápido de lo que puede volver a filtrarse.

La elección de la potencia del ventilador es el tema crucial aquí. Quiere un ventilador que pueda mover suficiente aire para reemplazar todo el aire en su sala de fructificación cada cinco minutos. Para hacer eso, deberá calcular el metraje cúbico de la habitación y luego comprar un ventilador que pueda mover doce veces esa cantidad de aire cada hora (volumen original x cada cinco minutos). La mayoría de las bombas le dan la cantidad de aire que mueven por hora como parte estándar de su etiquetado, por lo que esto no será tan difícil como parece. Su bomba debe ser fácil de enchufar a un enchufe y tener el enchufe requerido de ocho pulgadas al que conectará la manguera.

Debido a que el aire en su sala de fructificación será muy alto en humedad y esporas, será necesario limpiar la entrada del ventilador con regularidad o se obstruirá. Puede comprar uno con un accesorio de filtro, o simplemente puede construir uno usted mismo. Algunos productores informan que los filtros se obstruyen tan rápido que abandonan esta idea. En cambio, quitan la paleta del ventilador y la limpian como parte regular de su operación de mantenimiento. Reemplazar las cuchillas ocasionalmente puede ser más económico que reemplazar los filtros constantemente.

El siguiente equipo que necesitará instalar será un humidificador. Esto es un poco más complicado que la ventilación porque necesitará conectarse a un suministro de agua. Lo que necesita es un tanque de reserva alimentado por una línea de agua doméstica. Muy a menudo, esto es solo una gran caja de plástico. El agua corre hacia la caja y es controlada por un interruptor de flotador, que cierra el grifo cuando la caja está casi llena y lo vuelve a abrir cuando el nivel del agua baja demasiado. Esto es muy similar al sistema utilizado para llenar la cisterna en un inodoro común, por lo que no hay nada demasiado complicado allí.

De la caja sale un tubo de plástico por el que puede escapar el aire húmedo y brumoso. Debe colocar la salida bastante alta y en el extremo opuesto de la habitación al ventilador. La niebla saldrá de la tubería y luego se hundirá lentamente hacia el piso donde la entrada del ventilador la levantará nuevamente para que la niebla empañe constantemente la habitación.

También necesitará un sensor de humedad, un ventilador impermeable, un transformador y un humidistato. El sensor le dice al humidistato cuál es el porcentaje de humedad en el aire. Cuando eso es demasiado bajo, activa el transformador, que encenderá el ventilador a prueba de agua, que se encuentra en el bloque del depósito. Esto luego sopla más aire húmedo a través del sistema. Puede regular el contenido de humedad del aire en el humidistato e inicialmente, debe apuntar a alrededor del ochenta y cuatro por ciento de humedad del aire.

Aunque todo esto puede parecer muy complicado, este es un equipo que puede comprar en Internet y en la mayoría de las tiendas y proveedores que atienden a los productores de hongos.

Probablemente también estarán felices de compartir sus conocimientos y ayudarlo a encontrar el mejor paquete para su operación. Asegúrese de tener el metraje cúbico de la sala de fructificación antes de hablar con ellos para que puedan calcular qué tamaños de ventiladores necesitará. Una cosa que puede considerar si vive en un área con agua dura es colocar un filtro de calcio en su línea de flotación. No son vitales, pero le evitarán tener que limpiar su ventilador a prueba de agua con la frecuencia que necesite.

Una vez que haya montado su sistema de ventilación y su humidificador, le llevará algún tiempo aprender a regular correctamente el movimiento del aire y la humedad. Si sus bloques de cultivo se secan demasiado, no crecerán, y si se humedecen demasiado, se encontrará con todo tipo de enfermedades. Esta es una operación un poco impredecible al principio, y tendrá que aprender a hacer a través de la experiencia, ya que cada situación es diferente en términos de tamaño de la habitación y humedad relativa local. Debe esperar perder algo de stock durante esta curva de aprendizaje. La mejor manera de reducir el tamaño de esa curva es tomar muchas notas, para que sepa qué cambios ha realizado y cuándo. Con bastante rapidez, la sala de fructificación llegará a un estado en el que podrá producir grandes cantidades de hongos finos.

La iluminación es otra cosa que deberá tener en cuenta en sus costos de desarrollo. Puede comprar tiras de iluminación que están suspendidas en la sala de fructificación, pero deberá determinar el tamaño de la sala que tiene y cuánta iluminación requerirá. Debe apuntar a un mínimo de 800 lux por metro cuadrado de espacio en el piso, pero nuevamente esto puede variar si tiene varios estantes de estantes a través de los cuales debe penetrar la luz.

Es posible comprar tiras LED blancas frías, y estas son fáciles de instalar, pero deberá asegurarse de comprar tiras que sean impermeables debido al alto contenido de humedad al que estarán constantemente expuestas.

Una vez que haya configurado sus salas y sistemas de la forma que desee; deberá revisar sus costos de funcionamiento. Ahora tiene electricidad, agua y posiblemente incluso los salarios del personal para incorporar la ecuación, así como los costos de sustrato y bolsas. Todos estos aumentarán drásticamente, pero la buena noticia es que, dado que los hongos proporcionan un rendimiento tan alto del costo de los insumos, cuanto más pueda producir, mayores serán sus ganancias. No es la intención de este libro disuadirlo de expandirse a una operación a gran escala. En todo caso, lo contrario es cierto, pero al mismo tiempo, ese paso de un espectáculo individual a una empresa mucho más grande ha causado tantos problemas a los cultivadores de hongos que es mejor si es consciente de los riesgos antes de seguir adelante. .

Capítulo 20

Enfermedades y Plagas

Habrá baldosas cuando estés afectado por una enfermedad. Esto puede ser devastador, pero también es inevitable, por lo que cuanto antes pueda localizar la causa y enfrentarse a ella, mejor. A continuación, veremos algunas de las enfermedades fúngicas más comunes que probablemente encontrará.

Moho verde

Este es, con mucho, el problema más común con el que se encuentran los cultivadores de hongos. Parece un polvo verde con el que estará familiarizado si alguna vez ha visto que el pan se vuelve mohoso. Aparece en la carcasa y más comúnmente en la superficie del sustrato de cultivo. Podrá detectarlo fácilmente mientras busca la aparición de micelio.

Es el resultado de la contaminación durante el proceso de esterilización, así que observe sus procedimientos de desinfección. Vuelva a esterilizar todas las herramientas y equipos y verifique que los filtros no se hayan obstruido. Asegúrese de que los niveles de humedad no sean demasiado altos.

Enfermedad de Dactylion

Esto forma un crecimiento de micelio en forma de red que parece una telaraña muy fina y que, aunque normalmente es de color blanco, también puede virar hacia el rosa o el gris.

Una vez más, una buena desinfección aliviará el problema, pero será necesario eliminar el material infectado.

Mancha de Verticillium

Si ve que aparecen pequeñas manchas en la fruta, es posible que tenga una infección de este hongo, que es transportado por moscas o en equipos no desinfectados. Puede ser destruido por la sal o el agua salada, pero probablemente este sea el curso de acción equivocado.

En los tres casos, debe considerar deshacerse del material infectado y comenzar nuevamente después de revisar sus sistemas sanitarios y filtros. NO abra ninguna de las bolsas de cultivo en la cámara de cultivo o en cualquier otro lugar en el interior, ya que las esporas llegarán a todas partes.

Plagas

Al cultivar en interiores, es de esperar que esté exento de dos de las plagas más comunes: moscas y hormigas. Estos son un problema para los cultivadores de exterior, pero no deberían ser un problema en el cuarto de cultivo.

La plaga que te puede molestar es el ratón. A estos pequeños les gustan tanto los hongos como los granos, por lo que la semilla de granos les vendrá bien hasta que aparezcan los hongos, y luego simplemente mejorarán su dieta con algunos hongos saludables y agradables. La mejor manera de eliminarlos es simplemente asegurarse de que su cuarto de cultivo sea impenetrable. Esto no siempre es fácil, ya que pueden pasar por un agujero del tamaño de un lápiz.

Si no puede evitar que accedan, tendrá que recurrir a colocar trampas o incluso colocar cebos venenosos en algún lugar exterior que pueda atraerlos más de lo que lo hará su producto. Debes vaciar tu cuarto de cultivo y limpiarlo cada semana, y este es un buen momento para ver si puedes encontrar dónde están ingresando y colocar las barreras adecuadas.

Capítulo 21

Marketing

A gran escala, el marketing es algo que requiere un conocimiento profundo tanto de su propia operación como de su base de clientes. Los casos que veremos en este capítulo se relacionan más con el pequeño productor que recién comienza que con el gran agricultor cuyas circunstancias serán más específicas.

El marketing es lo que hace o deshace cualquier negocio. El pequeño productor de hongos es bastante afortunado porque está cultivando productos que se disfrutan ampliamente, pero donde los grandes jugadores tienden a centrarse en los champiñones blancos y los portabellos. Esto deja un gran nicho pequeño, simplemente pidiendo ser llenado.

Cuando empiece por primera vez, probablemente estará perfectamente feliz de comer simplemente lo que produce. No tardará mucho; sin embargo, antes de que crezca más de lo que la familia más amante de los hongos puede consumir cómodamente. Ahora debe comenzar a buscar formas de vender su producto. Un buen lugar para comenzar es con familiares y amigos. Es bastante factible crear una gran base de clientes solo entre ese grupo, y se sorprenderá de lo rápido que se corre la voz si está vendiendo un producto ligeramente diferente y bien presentado.

A medida que se expande, el siguiente lugar fácil para vender hongos es en los restaurantes locales. No se moleste con cadenas y hamburguesas. Estás ofreciendo un producto raro y de calidad, y que merece ser ofrecido a restaurantes de primer nivel. En estos días, poder decir que 'compramos local' es un plus de marketing para los restaurantes. No quieren que sus productos hayan viajado millas por todo el país y, a menudo, se enorgullecen de señalarlo en sus menús. A menudo es el propio chef quien compra los ingredientes, y si llamas con anticipación y preguntas cuándo sería conveniente mostrarle lo que cultivas, te sorprenderá la cálida acogida que recibes. No se limite a llamarlo a la puerta. Los chefs son personas muy trabajadoras y tener una cita puede marcar la diferencia entre ganar un cliente y perderlo.

Los mercados de agricultores son otra área donde la venta local es importante. Muchos cultivadores de hongos no venden en ningún otro lugar. Las personas que visitan los mercados de agricultores tienden a hacerlo porque valoran los productos de calidad frescos y cultivados localmente. Incluso están dispuestos a pagar una prima por ese privilegio. Los mercados tardan un poco en acostumbrarse. Tienes que conseguir una buena presentación y asegurarte de que tu producto se muestre bien, pero la clientela en estos lugares suele ser bastante amigable y le gusta interactuar con sus proveedores. Si va a los mismos mercados de forma regular, pronto encontrará que muchos de los clientes son bastante leales y volverán a su stand semana tras semana. Un consejo para fomentar esto es contarles un poco sobre los diferentes hongos y poder ofrecer algunas recetas diferentes.

El embalaje siempre es importante. La forma en que presenta su producto a menudo realmente impulsa las ventas, y esto es muy cierto en los mercados de agricultores. Los compradores acuden a estos mercados porque buscan alimentos frescos locales que se hayan producido de manera sostenible. No apreciarán los envases de plástico no sostenibles a menos que ofrezca un plan de devolución para animarlos a que devuelvan los envases. Generalmente, algunos envases de cartón atractivos o bolsas de papel son más fáciles. También deberá impulsar sus credenciales orgánicas. La gente en los mercados de agricultores no quiere consumir productos químicos de ninguna forma.

Otra excelente forma de impulsar las ventas es ofrecer degustaciones gratuitas de algunos de sus productos. Los hongos crudos realmente no funcionan en este sentido, pero hay muchas recetas que pueden incorporar hongos que atraerán a la gente. A continuación se muestra una receta para un pan de hongos que puede preparar y congelar, además de una o dos opciones más para agregar a su gama de productos. En la mañana del mercado, caliente la hogaza y luego corte algunas rebanadas en pequeños cuadrados que podrá entregar a la gente cuando pase por su puesto. Proporciona una excelente manera de interactuar con los transeúntes que de otra manera no se habrían detenido. Pregúnteles qué piensan y luego dígales cuáles de sus hongos se utilizaron para hacer el pan. Sin ser agresivo, que nunca funciona, puede tener la oportunidad de señalar algunas de las ventajas de comer hongos y los muchos beneficios para la salud que ofrecen. La mayoría de los hongos son orgánicos. Se cultivan en sustrato estéril o compost esterilizado y en condiciones de interior donde no se pulverizan ni se tratan. La gente generalmente no es consciente de esto, pero muy a menudo en estos días, se sienten atraídos por la idea de productos orgánicos. Esto abre la puerta a un ángulo de conversación completamente diferente, que, si lo maneja correctamente, debería alentarlos a que los hongos son un gran alimento saludable.

Vender a las tiendas es una de las formas más obvias de mover existencias. Ellos, después de todo, tienen una base de clientes regular, y parecería sencillo simplemente aprovechar eso. A veces es un poco más complicado que eso. La tienda tiene gastos generales y, naturalmente, ellos mismos necesitarán obtener ganancias. Esto significa que deben aumentar su precio o usted debe rebajarles el precio. Ambas situaciones pueden afectar su balance final, por lo que deberá hacer los cálculos. Las grandes cadenas de supermercados realmente pueden mover productos en cantidad, pero hacen un trato difícil, casi cruel. Las pequeñas tiendas de verduras y las tiendas de alimentos saludables tienden a ser el mejor lugar para que el productor más pequeño se oriente. Estos chicos tienen buen ojo para los buenos productos y, a menudo, les gusta apoyar a los productores locales con los que pueden establecer una relación a largo plazo.

Un concepto relativamente nuevo es el de las cajas de comida. Este es un sistema en el que un agricultor, o un grupo de agricultores, se reúne y entrega cajas de lo que sea fresco y maduro a sus clientes. Los clientes están felices de que les entreguen los productos frescos en la puerta de su casa a un precio justo, y los agricultores pueden vender lo que está maduro en lugar de tener que perder la cosecha porque los pedidos son para una cosecha exacta en un día establecido. Este es casi siempre un sistema a pequeña escala que funciona bien para los pequeños agricultores, y sus hongos serían el complemento perfecto para hacer que esa caja semanal sea más tentadora. Puede encontrar que necesita hacer parte del trabajo de entrega, pero, sea cual sea el arreglo al que llegue, este es un buen sistema tanto para el pequeño productor como para el planeta, ya que ayuda a eliminar el desperdicio de alimentos. Si tal sistema no existe en su área, entonces puede pensar en acercarse a algunos de los pequeños productores locales y establecer uno.

La vida útil de los hongos, como la mayoría de los productos frescos, es bastante corta y hay poco que destruya más el alma que esforzarse mucho en cultivar hongos y luego tener que tirarlos porque no tuvo un buen día. en el mercado o en cualquier otro lugar donde estuvieras vendiendo. Es mejor llegar con algo menos productivo de lo que realmente puede vender que llegar con demasiado. Cuando empiece por primera vez, este será uno de los cálculos más difíciles de hacer bien, pero con el tiempo encontrará que mejora mucho en juzgar lo que soportará un mercado. Hagas lo que hagas, no intentes maximizar tus ganancias vendiendo hongos que se acercan a su fecha de caducidad. Corre el riesgo de perder su base de clientes si lo que compran no está en las mejores condiciones posibles. Para superar este problema, debe tener productos con una vida útil prolongada y, si sabe cómo abordar esto, realmente puede aumentar sus ingresos.

Los champiñones secos son muy populares. Se pueden agregar a guisos, sopas y otras recetas, y son buenos regalos. Empaquetados correctamente, realmente pueden agregar impacto visual a su stand o cualquier tienda donde pueda estar vendiendo.

Secar hongos no es realmente difícil, y si cree que esta es una ruta que le gustaría seguir, sería aconsejable invertir en un deshidratador. Estas son máquinas que soplan una corriente constante de aire seco a través de los alimentos que se colocan en capas sobre estantes de alambre. Vienen en diferentes tamaños que van desde grandes máquinas industriales hasta pequeñas máquinas domésticas. Hay algunos métodos de secado de hongos a menor escala mencionados anteriormente en el libro, pero realmente debería comenzar con al menos una máquina de tamaño doméstico. Los champiñones deberán cortarse en rodajas de un cuarto de pulgada de grosor antes de secarlos y luego deberán secarse hasta obtener una consistencia similar a una galleta que se rompe como una galleta cuando se seca. Una vez que estén completamente secos, se pueden empaquetar y se conservarán durante mucho tiempo.

El enlatado es otra forma de almacenar existencias que de otro modo no habría podido vender. Necesitarás comprar una máquina enlatadora, así como latas y etiquetas, pero ya tienes el equipo necesario para esterilizar, que es una gran parte del proceso. Para hacer las latas más interesantes, puedes crear recetas que incluyan una gran porción de champiñones, pero que también incorporen otros productos.

Pan De Setas Pan De Lentejas

Ingredientes

- 2 tazas de lentejas (verdes cocidas)

- 2 cucharadas de aceite de oliva virgen

- ½ apio finamente picado

- ½ cebolla blanca finamente picada

- 2 zanahorias finamente picadas

- 8 oz de hongos shiitake en rodajas (use los hongos que tenga en el puesto ese día)

- 2 ½ cucharadas de pasta de tomate

- 2 cucharadas de salsa de soja salada

- 1 cucharada de salsa Worcestershire

- 1 ¼ cucharadita de tomillo seco

- 1 taza de copos de avena

- 1 taza de harina de almendras finamente molida

- Mezcla de glaseado

- ½ taza de salsa de tomate

- 1 cucharada de miel

- 1 cucharadita de mostaza (grano entero Dijon)

- 1 cucharadita de vinagre (sidra de manzana)

Este es un gran producto para llevar a un mercado o feria para que pueda mostrar lo que se puede hacer con sus champiñones cuando se cocinan de manera ligeramente diferente. Muchas personas tienen una idea muy limitada cuando se trata de cocinar champiñones y, al ofrecer algunas alternativas, haces que vean tu producto desde una perspectiva diferente. Más importante aún, es un tema de conversación, y una vez que abres esa puerta, la gente a menudo se engancha a tu

Engrase ligeramente una bandeja para hornear y precaliente el horno a 375 F.Mientras el horno se calienta, vierta un chorrito de aceite de oliva en una cacerola mediana y dore las cebollas picadas hasta que estén tiernas, luego agregue las zanahorias y el apio y cocine por un tiempo. cinco minutos más. Agrega la seta que hayas elegido y retira del fuego en cuanto las verduras estén tiernas.

En un procesador de alimentos, coloque una taza y media de las lentejas cocidas junto con la mitad de la avena, la pasta de tomate, las salsas de soja y Worcester y el tomillo, la sal y la pimienta. Ahora echa la verdura cocida y dale un rápido golpe para mezclar los ingredientes. No hagas esto por mucho tiempo o se triturarán. Vierta eso en un tazón grande para mezclar y agregue el resto de las lentejas y la avena y toda la harina de almendras. Mézclalos hasta que estén bien combinados. La mezcla debe quedar un poco pegajosa pero no quebradiza. Si es así, simplemente agregue un poco de agua.

Vierta el contenido en la bandeja y forme una hogaza de aproximadamente cuatro pulgadas y media de ancho. Déjalo reposar mientras haces el glaseado simplemente mezclando los ingredientes. Vierta la mitad del glaseado sobre el pan y póngalo en el horno durante treinta minutos. Después de eso, vierta el resto del glaseado sobre el pan y déjelo en el horno por otros quince minutos. Una vez que puedas meter un cuchillo y salga limpio, estará listo.

Deje enfriar antes de cortar, o se desmoronará. Cuando llegues al mercado, córtalo en rodajas y luego en cuartos y ofrécelas como cata.

Paté de Champiñones Ostra

Esta es una forma de aumentar las ventas y de utilizar productos que sabe que no estarán en óptimas condiciones el día de mercado. Además, los frascos de este producto pueden ser atractivos si están bien presentados, y eso solo agregará ese pequeño extra a su stand.

Para esta receta, hemos optado por utilizar una combinación de hongos ostra gris y ostra rey, pero puede aplicar el mismo tratamiento a cualquiera de sus acciones que parezca que no se venderá fresco. También son excelentes regalos.

- 500 g de hongos ostra limpios y picados

- 5 cucharadas de mantequilla

- 2 chalotas finamente picadas

- 1 taza de nueces picadas

- 1 cucharada de hojas frescas de tomillo

- 4 dientes de ajo picados

- ¼ de taza de jerez seco o oporto

- sal y pimienta al gusto

- 2 cucharaditas. de aceite de trufa o aceite de nuez

Derretir la mitad de la mantequilla en una sartén y agregar los champiñones en una capa uniforme. Cocine hasta que estén tiernos y ligeramente dorados por ambos lados. Retire de la sartén y derrita la mantequilla restante y agregue los chalotes. Cocine estos hasta que estén suaves y traslúcidos. Agrega el ajo por un minuto. Seguimos con el jerez o el oporto, el tomillo y las setas y mezclamos bien. Deje que los ingredientes hiervan a fuego lento durante cinco minutos hasta que la mayor parte del líquido se haya cocido. Deje enfriar y luego vierta en un procesador de alimentos con las nueces y el aceite. Ahora mézclalo a tu gusto. Esto ahora puede dejarse grueso o convertirse en una pasta suave. Luego, sazone con sal y pimienta y coloque en frascos de vidrio pequeños con tapa de rosca. Colóquelo en el esterilizador durante media hora a quince psi, luego retírelo y déjelo enfriar antes de agregar su etiqueta única.

Junto con los productos que venden en los mercados, muchos cultivadores de hongos han ideado otros esquemas de ingresos para obtener los posibles ingresos de su inversión.

Los cursos son un área que ha experimentado un aumento en la demanda a medida que la popularidad de este nuevo fenómeno de cultivo de viviendas comienza a crecer. La gente está feliz de leer sobre el cultivo de hongos y hacer cursos en línea, pero para algunos, nada podrá igualar el ver las cosas por sí mismos y tal vez poder hacer un poco de trabajo práctico. Una vez que haya pasado algún tiempo montando su granja y estableciendo su mercado, sin darse cuenta se habrá convertido en un experto. La gente está feliz de pagar para acceder a este conocimiento, y depende de usted si desea venderlo o no. Algunas personas son sociables por naturaleza y disfrutan enseñando. Para otros, la sola idea de tener que lidiar con personas es un anatema y están felices de hablar con sus hongos.

Algunos productores han alejado todo su modelo de negocio de vender los hongos por sí mismos y han pasado a la venta de bloques de fructificación, cultivos líquidos y cultivos de agar. Existe un buen mercado para estos productos, pero debe asegurarse de que está produciendo productos de calidad y totalmente libres de contaminación.

Capítulo 22

Comprar un Negocio Existente

Una vez que ha sido picado por el insecto de los hongos, es posible que esté seguro de que este es el negocio para usted, y luego necesite ver sus opciones. Uno de ellos es hacer crecer lentamente el negocio aprendiendo cada paso a medida que avanza. Otra es comprar un negocio existente y sumergirse directamente en el fondo. Hay pros y contras en ambos escenarios. El crecimiento de su propio negocio le brinda más tiempo para aprender y, por lo tanto, menos riesgos. Por otro lado, pueden pasar años antes de que empiece a ver beneficios reales, y podría considerar que ese tiempo y dinero son una pérdida.

Los negocios de hongos no salen al mercado con frecuencia, pero ciertamente lo hacen de vez en cuando. Si esta es la ruta que está considerando, aquí hay algunas cosas en las que debe pensar. En primer lugar, desea saber por qué se vende el negocio. Si el propietario se jubila, tiene un problema de salud o acaba de ganar la lotería nacional, es posible que desee continuar si se detiene porque está un poco cansado de cultivar hongos que deberían generar

algunas señales de alerta. Muy pocas personas venden un negocio exitoso solo porque se cansan.

Lo primero que querrá ver es un conjunto de cuentas auditadas. Como ya hemos visto, es relativamente fácil establecer una granja de hongos exitosa con un gasto bastante bajo. Lo que está comprando es acceso a una clientela confeccionada que puede probarse. Puede llevar años establecer una base de clientes leales, y hay beneficios obvios al comprar esto y tener uno de inmediato en lugar de desarrollar uno lentamente.

La segunda cosa que querrá discutir con el vendedor es un período de transferencia. Necesitará aprender de él, comprender sus técnicas y hacer que le presente a los clientes para que el cambio no sea demasiado brusco para ellos. Si él no quiere hacer esto, entonces buscará una buena razón. Si está de acuerdo, entonces querrá que eso se incorpore a la venta mediante un contrato legal bastante estricto. Finalmente, deberá aceptar una restricción del orden comercial. Sería de lo más desafortunado seis meses después; decidió que quería volver al juego de los hongos, y tenía que montar una tienda y empezar a competir contra ti. Recuerde, él tiene una larga relación con esos clientes por los que efectivamente ha pagado.

Solo en este punto debe comenzar a mirar la granja, las salas de cultivo y todo el equipo asociado. Algunos de ellos nunca los habrás visto antes y podrían diferir del equipo que hemos mencionado en este libro. Es probable que muy pronto puedas hacerte una idea de qué tipo de granjero era. Si todo está limpio y bien mantenido, entonces es probable que esté tratando con alguien que se tomó en serio lo que estaba haciendo.

Si todos esos factores se alinean con su satisfacción, es posible que desee comenzar a avanzar. Se le habrá mostrado exactamente lo que incluye el precio de venta, y esto le permitirá saber si terminará siendo el dueño de la propiedad o si solo estaba en arrendamiento o alquiler. Podrá juzgar las distancias de los clientes y la auditoría le habrá dicho cómo son los gastos generales mensuales y qué márgenes de beneficio puede esperar. Sería una buena idea investigar un poco para averiguar si hay otros factores ocultos que están a punto de cambiar. Estos incluirán cosas como ¿está otro cultivador de hongos a punto de establecerse en el área? Por supuesto, alguien podría instalarse en la puerta de al lado el día después de que usted se mude, pero si eso ya está en las cartas, entonces querrá estar seguro de que no es la razón por la que el vendedor ha tomado la decisión de seguir adelante.

Si todas esas estrellas se alinean, y si su instinto le dice que puede confiar en este tipo y que podrá impartirle sus conocimientos en solo unos meses, entonces quizás este sea el trato para usted.

En la actualidad, la tendencia mundial de las empresas de franquicia no parece haberse filtrado al negocio de los hongos. El cultivo de hongos conlleva muchos desafíos únicos, pero aún es probable que llegue el día en que alguien comience a probar esta empresa. Eso podría afectar a todos los productores, pero probablemente su conocimiento actual hace que esto parezca un escenario poco probable.

Otra ruta para el crecimiento rápido es contratar a un compañero para dormir o firmar otro acuerdo mediante el cual pueda hacer crecer su negocio más rápidamente que a través de la ruta orgánica. Esto es bastante común, y cuando conozca a más productores, sabrá que muchos de ellos vendieron una parte de su negocio desde el principio para expandir sus operaciones más rápidamente. Como ocurre con todas las cosas en los negocios, esto funciona bien para algunos y no tanto para otros. Los inversores se ven tentados por los altos rendimientos y los bajos costos de insumos que ofrece este tipo de agricultura. Deberá decidir si esta es una buena decisión para usted y si se relaciona con sus propios planes. Sobre todo, escuche su instinto y no permita que el deseo de ganancias rápidas lo ciegue ante un problema que podría durar años.

Capítulo 23

Hacer Contactos

El cultivo de hongos es un juego que evoluciona y cambia constantemente, y en el que siempre necesitarás aprender algo nuevo. La mejor manera de hacerlo es ponerse en contacto con otros productores para que pueda intercambiar y compartir información. Es difícil exagerar lo crucial que es esto. Una vez que entre en producción a tiempo completo, estará bastante ocupado y es muy fácil aislarse. Tener personas de ideas afines con las que hablar, aprender y compartir sus frustraciones es una forma de mantenerse cuerdo y evitar tener largas conversaciones con sus hongos.

Hoy en día, con Internet, tenemos la suerte de contar con un recurso maravilloso al que es fácil acceder. Esta es una gran fuente, no solo de información, sino también un lugar donde puede compartir sus experiencias. Hay miles de videos sobre casi todos los aspectos del cultivo, así como cursos en línea. Luego están los blogs y los foros.

Los foros pueden ser un gran lugar para hacer contacto con otros productores y mantenerse al día con los nuevos productos y encontrar qué sistemas son viables. Sin embargo, una breve advertencia sobre este tema. Necesita dedicar un poco de tiempo a explorar los foros para encontrar cuáles funcionan mejor para usted y también cuáles le brindan los consejos más razonables. Desafortunadamente, en Internet, todas las voces son iguales y, a veces, las personas están felices de expresar una opinión u ofrecer consejos incluso sobre temas de los que saben poco o nada. Al principio, es posible que deba verificar la información y ver qué otras respuestas hay antes de tomar todas las sugerencias como evangelio. Poco a poco descubrirás qué voces son las verdaderas voces de la experiencia y cuáles son las personas que simplemente intentan ayudar, pero sin el conocimiento que ello conlleva.

Si sigue la ruta del mercado de agricultores, probablemente encontrará que hay otros vendedores que cultivan hongos. Es fácil verlos como la competencia, pero sería mucho mejor que se ofreciera a presentarse y tratar de entablar una relación. Hay muchas posibilidades de que reconozcan de dónde vienes y, pronto, estarás en condiciones de aprender unos de otros.

Si puede asistir a un festival de cultivadores de hongos, estos son los lugares ideales para hacer contactos y mejorar sus conocimientos. Habrá un montón de personas con ideas afines allí, y seguramente conocerá a algunas que están en un nivel similar al de donde sea que se encuentre. Estará expuesto a cualquier nueva tecnología que esté a punto de salir al mercado, y a menudo hay seminarios y charlas sobre temas que solo los extraños 'shroomers' estarían interesados.

De lo contrario, no dude en buscar a algunos productores cercanos y preguntarles si estarían preparados para mostrarle su operación. Cada operación de cultivo de hongos es diferente y aprenderá algo nuevo en cada una de ellas. La mayoría de los cultivadores de hongos están muy orgullosos de lo que hacen y están muy dispuestos a mostrarte y explicarte cómo hacen las cosas y qué les funciona y qué no.

En estos días puedes aprender mucho de Internet y los libros, pero estas cosas solo te llevarán hasta cierto punto. Para tener éxito como cultivador de hongos, deberá interactuar con otros granjeros. El mundo del cultivo de hongos es demasiado grande y se mueve demasiado rápido como para permanecer aislado y seguir el camino a través de prueba y error.

Capítulo 24

Lecturas Adicionales

Es casi imposible poner toda la información que hay que reunir sobre este enorme tema en un librito. Con suerte, este le ha servido como un buen recurso para comenzar y al que puede regresar de vez en cuando para refrescar su memoria o repasar temas nuevamente. Existe una gran cantidad de otros libros que deberá agregar a su biblioteca de referencia. Algunos de ellos le enseñarán cosas que son un poco diferentes, y otros le explicarán las mismas cosas de diferentes maneras, y esa combinación de información ayudará a sentar las bases para que se convierta en un mejor productor. Estos son algunos de los mejores y más esenciales libros para tener en su estantería.

Growing Gourmet and Medicinal Mushrooms by Stamets es considerado por muchos como la biblia de los cultivadores comerciales de hongos. Este tomo de un libro cubre todos los temas que puedas imaginar, pero es bastante complicado y quizás no para principiantes.

El cultivo de hongos DIY de Willoughby Arevelo es una guía de cultivo de hongos mucho más accesible y con la que muchos principiantes comienzan.

Hongos comestibles y medicinales - Tecnología y aplicaciones es un libro extenso que va hasta el nivel académico, pero que te contará casi todo lo que el hombre conoce sobre estos temas.

Hongos médicos. Una guía clínica de Martin Powell. Cuando se le conoce como productor de hongos, la gente le hará preguntas sobre hongos medicinales. Eso es solo un hecho. El uso de este libro le permitirá hacer referencia al hongo o la afección que se está tratando y remitirlos a eso en lugar de asumir la responsabilidad de dicha información.

Healing Mushrooms, de Tero Isokapilla, también trata sobre los usos médicos de los hongos, pero en un nivel más fácil de leer. Incluye recetas y métodos de preparación.

Fungal Pharmacy de Robert Rogers es otro libro que verá a menudo en las bibliotecas de cultivadores de hongos y es bastante fácil de seguir.

La mayoría de las personas que se interesan en el cultivo de hongos llegan al tema a través de la búsqueda de alimento. En mi experiencia, es un hábito que nunca superan realmente y, en todo caso, empeora una vez que entran en el camino del cultivo. Ahora no solo están buscando hongos para la maceta, sino también hongos de los que pueden clonar o tomar impresiones de esporas. La recolección de hongos en la naturaleza siempre está plagada de riesgos y de emoción, y estos libros ayudarán enormemente en términos de identificación e información detallada sobre los hongos en general.

El cazador de hongos completo de Gary Lincoff. Este es un gran libro para el recolector y hará que la caza de hongos sea más divertida y segura.

Para obtener un conocimiento más amplio de los hongos y el medio ambiente en el que se pueden encontrar, el Libro de hongos de la Sociedad Nacional Audubon lo ayudará con la búsqueda de alimentos y una información más amplia.

Finalmente, Mushrooms Demystified de David Arora es un libro enorme que te dice mucho sobre no solo los hongos sino también los hongos en general, pero de una manera sencilla que lo hace muy legible. Supere eso, y su conocimiento de los hongos se habrá disparado.

Hay muchos más libros que podrían haber sido mencionados aquí, pero estos son algunos de los clásicos que le recomendamos que consiga si puede. Es posible que no todos cubran temas que le interesan, pero debería haber suficientes opciones para comenzar. Desafortunadamente, al igual que con el cultivo de hongos, esto puede convertirse en un tema un poco adictivo.

Capítulo 25

Preguntas Frecuentes

Ahora nos hemos ocupado de la mayoría de los aspectos del cultivo de hongos, y usted tiene suficiente información para ayudarlo a comenzar como cultivador doméstico, convertirlo en algo secundario e incluso crear un negocio de tiempo completo. A continuación se muestra una lista de preguntas que surgen una y otra vez. Proporcionan un punto de referencia rápido para usted, pero también puede usarlos para responder a las muchas preguntas que se le harán una vez que se le conozca como alguien que cultiva hongos.

¿Valen la pena nuestros kits de hongos?

Casi todos los que quieran familiarizarse con el cultivo de hongos comenzarán con un kit. Definitivamente valen la pena porque le da una idea del tema sin tener que invertir en una gran cantidad de equipos o tener una gran cantidad de conocimientos. Te da la oportunidad de probar diferentes variedades de hongos y encontrar cuáles te gustan más y cuáles funcionan mejor en el entorno en el que deseas cultivarlos. Algunos kits son mejores que otros, pero afortunadamente, Internet lleva gran parte de las conjeturas de esta decisión porque puede ver cómo se han desempeñado con solo leer la sección de comentarios.

¿Puedes usar kits de hongos más de una vez?

La mayoría de los kits le darán al menos un lavado más después de la cosecha inicial, y algunos seguirán produciendo durante meses. La primera cosecha tiende a ser la más abundante, y luego comienzan a declinar en volumen y calidad.

¿Qué es el micelio?

El micelio es el crecimiento fino en forma de red que desarrollan las esporas de los hongos para colonizar el sustrato (medio de cultivo). Piense en ello como algo parecido a las raíces de una planta que se establecen lentamente. Normalmente es blanco pero algunos hongos de un color diferente. Cuando abres una bolsa o recipiente colonizado, debe tener un olor distintivo a hongos. Si hay un olor agrio desagradable, significa que su medio de cultivo se ha contaminado en algún punto del proceso. Cubra el recipiente para que las esporas invasoras no se escapen y luego deseche el contenido al aire libre.

¿Qué es la semilla de grano?

La semilla de grano es una mezcla de grano como trigo, sorgo o cebada que ha sido esterilizada y luego se le ha agregado semilla de hongo. En las condiciones adecuadas, la semilla envía micelio para colonizar el grano, que luego se puede mezclar con otro sustrato y seguir creciendo, o puede hacer que sus hongos fructifiquen en la semilla de grano real. Muchos tipos de granos servirán aquí. Una vez esterilizado y empapado, debe retener bien la humedad y proporcionar los nutrientes ideales para que crezca el micelio.

¿Los hongos deben mantenerse en la oscuridad?

A diferencia de las plantas, los hongos no contienen clorofila, por lo que no necesitan luz para crecer. Para producir frutos, necesitan algo de luz pero no luz solar directa. La luz difusa a través de una ventana suele ser adecuada.

¿Cuánto espacio se necesita?

Eso realmente depende de cuántos hongos quieras cultivar. Puede producir hongos en un armario de ventilación o incluso en una ventana sin luz solar directa. Si desea comenzar a producir suficientes hongos para tener algunos para vender, entonces un pequeño garaje es suficiente espacio para seguir su camino. Incluso muchas operaciones comerciales se llevan a cabo en cantidades comparativamente pequeñas de espacio en relación con otros cultivos agrícolas.

¿Cuáles son las mejores setas para vender?

Eso variará de un área a otra, pero debe mantenerse alejado de los champiñones blancos, portobellos y creminis, ya que son el área donde se concentran los productores masivos de hongos y es imposible igualar sus precios. Todos los demás hongos caen en un mercado más lujoso y los precios no son tan competitivos. La demanda también es alta porque estos son hongos que la gente no ve todos los días.

¿Qué hongos crecen mejor en climas más cálidos?

Algunos hongos han evolucionado en climas cálidos, así que sí, hay hongos para casi todas las condiciones climáticas. Para climas más cálidos, pruebe las setas de paja, reishi o ostra de Florida.

¿Se pueden cultivar hongos en todo Estados Unidos?

Si. Los hongos se cultivan en todos los estados, pero haga su tarea y descubra qué hongos apreciarían su clima particular.

¿Cuánto tiempo se pueden conservar los hongos después de la recolección?

Esto realmente depende de la variedad, pero la mayoría de los hongos no tienen una vida útil muy larga, incluso cuando se guardan en el refrigerador. Los champiñones se pueden secar, embotellar o incluso en escabeche, por lo que no hay ninguna razón real para desperdiciarlos.

¿Hay beneficios para la salud por comer hongos?

Sí, se los considera una especie de superalimento con muchas ventajas para la salud. Uno de los más importantes es su capacidad para almacenar vitamina D cuando se expone al sol. La vitamina D está disminuyendo en muchas poblaciones occidentales a medida que pasamos más tiempo en interiores.

¿Cómo se sabe cuando un hongo es tóxico?

Esta es una pregunta sorprendentemente común que la gente le pregunta una y otra vez. Hay muchos hongos silvestres tóxicos, pero los hongos cultivados no son tóxicos o no se cultivarían. Si buscas hongos, siempre debes ir con alguien que realmente conozca los hongos locales. Incluso entonces, tenga cuidado si afirman conocer más de tres o cuatro variedades comestibles.

¿Los hongos son vegetales?

Ningún hongo comparte muchos rasgos con el reino vegetal, pero también comparten muchos rasgos con el reino animal. Los hongos son parte de un reino totalmente diferente llamado hongos.

¿El cultivo de hongos es un proceso maloliente?

No, a menos que no te guste el olor a setas. Los sustratos en los que se cultivan están todos esterilizados, y lo peor que puede oler es el café molido si ese es el sustrato elegido.

¿Cuáles son los sustratos?

Los sustratos son un medio estéril en el que se cultivan los hongos. Suministran material para que el micelio colonice, y deben permitir el movimiento del aire y una cierta retención de humedad. También debe haber algún tipo de nutriente para que el hongo consuma.

¿Cuáles son los mejores sustratos?

Esa es una pregunta subjetiva y que hará que los cultivadores de hongos de mucho tiempo discutan fácilmente. Generalmente, los hongos son muy tolerantes con respecto al sustrato en el que crecen, y la cantidad de sustratos diferentes es enorme. Van desde posos de café usados hasta cáscaras de soja y desechos de caña de azúcar hasta paja picada. El mejor sustrato es el material más económico disponible en el lugar donde vive. Una vez que domines el proceso de cultivo, puedes comenzar a experimentar con diferentes tipos y porcentajes en tus sustratos hasta que encuentres el que sea más pertinente para tu situación.

¿No es necesario tener todo esterilizado?

Algunas partes del proceso requieren una gran esterilidad, pero hay otras que no. Si está cultivando a partir de kits, hay muy poca esterilización siempre que tenga acceso a agua sin cloro para remojar el bloque de cultivo.

¿Todo el equipo es caro?

Gran parte del equipo puede ser fabricado por un personal de mantenimiento, y algunos elementos, como una olla a presión, se pueden utilizar para esterilizar. En general, en términos de rendimiento, los costos de los insumos son extremadamente bajos.

Conclusión

Espero que este libro le haya dado una idea de lo que implica el cultivo de hongos y una idea del alcance de los hongos como negocio. De ninguna manera es un libro completo, y hay grandes tumbas por ahí que podrías estudiar detenidamente durante semanas y aún no saber todo lo que hay que saber sobre este enorme tema. Lo que sí tiene es suficiente conocimiento para tener una visión realista de todos los aspectos del proceso de crecimiento. A partir de ahí, podrá tomar una decisión informada sobre a dónde quiere que le lleve este proyecto.

Ya sea que simplemente desee cultivar suficientes hongos para alimentarse a sí mismo y a su familia o si desea cambiar su vida por completo y convertirse en un cultivador de tiempo completo, este libro le dará los conceptos básicos de cómo hacerlo. Entre los dos extremos está la posibilidad de crear un pequeño trabajo secundario agradable que le aportará dinero extra y le proporcionará un aditivo nutritivo y saludable para su dieta.

Pretender que este libro le dice todo sobre este vasto tema sería engañarlo. Ningún libro puede hacerlo. Es mucho lo que puede aprender a través de la lectura, y luego llega a un punto en el que simplemente tiene que dejar las aguas poco profundas del estudio tranquilo y nadar por sí mismo. Es allí donde realmente comenzará a aprender de qué se trata esta forma de agricultura. Será una montaña rusa en la que habrá momentos en los que querrás arrancarte el pelo por la frustración. Luego estarán esos momentos en los que se sienta a disfrutar de una deliciosa comida de champiñones cocinados a la perfección, y el conocimiento de que los cultivó usted mismo eliminará todas esas frustraciones y hará que desee regresar a su cuarto de cultivo y comenzar el cultivo. todo de nuevo.

Desde el momento en que termine este libro, nunca verá un hongo de la misma manera. La mera visión de una ostra dorada o un shiitake fresco hará que te detengas en seco y te preguntes si es una variedad que podrías cultivar tú mismo. Es una forma adictiva de agricultura que no podrá abandonar fácilmente una vez que haya comenzado. Usted ha sido advertido.

Recursos

https://medlineplus.gov/vitaminddeficiency.html

https://www.bbcgoodfood.com/howto/guide/health-benefits-mushrooms

https://www.nationalgeographic.com/science/phenomena/2013/05/22/getting-to-know-your-inner-mushroom/

https://www.youtube.com/watch?v=Sj4qk6I-hy8